상속
전쟁은 이미
시작됐다

|대법원 판례로 풀어 보는 실제 상속분쟁 해법|

김홍일 지음

상속 전쟁은 이미 시작됐다

상속전문 김홍일 변호사의 실전 조언

15년 상속승소 노하우

▶ YouTube 홍변의 상부상조

좋은땅

서문

상속 문제는 우리가 인생에서 한번쯤은 반드시 마주하게 되는 주제입니다. 그러나 막상 그 상황이 닥치고 나면 어디서부터 어떻게 시작해야 할지 막막한 것이 현실입니다. 누군가는 오랜 시간 쌓아온 가족 간의 신뢰가 한순간에 무너지는 경험을 하기도 하고, 또 다른 누군가는 억울하게 자신이 받아야 할 권리를 놓치기도 합니다.

이 책은 제가 수많은 사건을 직접 해결하며 느꼈던 현실적 쟁점과 법리적 해석, 그리고 재판부의 판단 경향까지 담아낸 실무 가이드입니다. 단순히 교과서적인 설명에 그치지 않고, 실제로 많은 분들이 궁금해하고, 또 오해하기 쉬운 쟁점들을 중심으로 핵심 내용을 알기 쉽게 정리하였습니다. 특히 유류분 반환청구, 특별수익, 상속재산분할, 한정승인 및 상속포기, 사실혼 배우자의 상속 문제 등 민감하고 다툼이 잦은 주제들을 풍부한 판례와 함께 설명드렸습니다.

상속 문제는 '모르면 손해'라는 말이 절실히 와닿는 분야입니다. 이 책을 통해 독자 여러분이 '정보의 비대칭'에서 벗어나 보다 정확하고 당당하게 상속 문제에 대처하시기를 바랍니다.

상속 문제로 고민하시는 분들, 그리고 상속법을 처음 접하는 법률가 및 예비 법률전문가들에게도 이 책이 실질적인 도움이 되기를 진심으로 기원합니다.

김흥일 변호사 드림

목차

서문 005

- 부담부증여의 경우 유류분액 산정문제 009
- 유류분청구에서 원물반환이 불가능한 경우의 가액산정시점 ... 012
- 친생자관계부존재확인의소와 친생부인의소 015
- 유류분반환청구권의 소멸시효 중단 019
- 유류분반환청구권 단기소멸시효기간의 기산점 023
- 상속재산분할심판에서 상속재산인 부동산을 분할하는 방법 ... 027
- 유류분의 반환방법 030
- 유류분의 반환의 순서 033
- 유류분권리자의 상속인이 유류분반환청구권을 행사할 수 있는지 여부 ... 037
- 상속포기자를 상대로 유류분반환 청구를 할 수 있는지 여부 ... 041
- 공동상속인에게 상속개시 10년 이전에 증여한 재산도 유류분반환청구의 대상이 되는지 여부 043
- 대습원인 발생 이전에 증여받은 재산을 특별수익으로 볼 수 있는지 여부 ... 046
- 공동상속인 중 1인이 연락되지 않을 경우의 재산분할 방법 ... 049
- 상속재산인 건물에서 나온 임대료의 소유권 052
- 친권자의 미성년자녀에 대한 상속포기, 한정승인과 특별대리인 선임 ... 056
- 한정승인 및 상속포기에서 '상속개시있음을 안 날'의 의미 ... 059
- 이혼소송 중 사망한 경우 위자료청구권이 상속되는지 여부 ... 062

- 모자관계에서의 인지와 피인지자의 청구권 · 065
- 이혼소송 중인 배우자에게 상속권이 인정되는지 여부 · · · · · · · · · · · · · 069
- 상속분의 양도가 유류분반환청구의 대상이 되는지 여부 · · · · · · · · · · · 071
- 이혼재산분할청구권도 상속이 되는지 여부 · 074
- 상속재산이 처분되었을 경우 상속재산분할의 대상이 되는지 여부 · · · 077
- 미성년자상속인의 특별한정승인 제척기간 기산점 · · · · · · · · · · · · · · · · 079
- 상속재산의 처분과 특별한정승인 · 083
- 상속인이 보험금이나 퇴직금을 수령하여도 상속포기, 한정승인을 할 수 있는지 여부 · 086
- 상속재산의 처분과 단순승인 의제 · 090
- 상속개시 전 작성한 상속포기각서의 효력 · 093
- 유류분반환청구액의 산정 기준시기 · 096
- 상속포기와 사해행위취소 · 100
- 미성년자의 상속재산분할협의와 이해상반행위 · · · · · · · · · · · · · · · · · · · 103
- 금전채무도 상속재산분할의 대상이 되는지 여부 · · · · · · · · · · · · · · · · · 106
- 상속재산분할 시 기여분 주장에 대하여 · 109
- 배우자의 특별수익에 대하여 · 112
- 사실혼 배우자도 상속받을 수 있을까요? · 115
- 자녀들의 상속포기 시 배우자의 상속분 · 118
- 상속재산분할협의 후에도 유류분반환청구가 가능한지 여부 · · · · · · · · 122

- 배우자와 자녀들이 상속인일 경우 상속포기, 한정승인시 유의사항 ······ 125
- 손자에게 증여한 재산에 대해 유류분반환청구를 할 수 있는지 여부 ······ 129
- 유류분반환청구소송에서 기여분을 인정받을 수 있을까요? ······ 132
- 유언방식의 엄격성 ······ 136
- 제사용재산(금양임야, 묘토)과 상속 ······ 141
- 피상속인 명의 예금의 지급청구에 대하여 ······ 144
- 부양의무를 전혀 이행하지 않은 부모가 자녀의 재산을 상속받을 수 있는지 여부(feat. 구하라법) ······ 146
- 재혼가정의 자(子)의 상속자격 여부(feat. 양자도 상속이 가능할까요?) ······ 149
- 상속인 중 한 사람이 일방적으로 상속재산부동산을 자신의 명의로 등기이전하였을 경우의 해결방법(상속회복청구의소) ······ 151
- 죽은 남편의 아이를 낙태한 부인에게도 상속권이 있는지 여부(상속결격자의 문제) ······ 154
- 며느리나 사위가 시아버지나 장인의 재산을 상속받을 수 있는지 여부 ······ 157
- 공동상속인의 동의 없이 단독으로 상속등기가 가능한지 여부 ······ 160

부담부증여의 경우 유류분액 산정문제
부담부증여란?

부담부증여란 부모가 담보권이 설정된 재산을 자녀에게 증여하면서 그에 따른 채무도 함께 넘기는 경우처럼 수증자(자녀)가 증여자의 채무를 인수하는 증여를 말합니다. 피상속인이 공동상속인 중 1명에게 부동산을 생전 증여하는 경우 그 부동산에 근저당이 걸려 있거나, 임차인이 살고 있는 경우가 있는데, 이럴 경우 그 근저당권채무나 임차인에 대한 보증금반환 채무가 증여받는 상속인에게 귀속되는지 아니면 추후 상속인들 모두가 책임져야 하는 상속채무가 되는지 여부가 문제될 수 있습니다.

1. 근저당채무가 있는 경우

1) 근저당채무 인수조건일 경우

우선 피상속인이 근저당채무를 수증자가 인수하는 조건으로 증여를 하면 당연히 수증자가 그 채무를 부담하게 되고 근저당채무액을 제외한 나머지 가액을 증여받은 것이 됩니다. 예를들어 3억 원의 근저당 채무를 인수하는 조건으로 수증자가 10억짜리 부동산을 증여받았다면 수증자는 7억 원을 증여받은 것이 됩니다. 그러므로 만약 유류분반환청구를 하게 된다면 7억 원이 유류분 산정의 기초재산이 될 것입니다.

2) 근저당채무 인수조건이 없는 경우

그런데 만약 피상속인의 의사가 근저당채무는 여전히 자신이 부담하고 수증자에게 부동산 전체를 증여할 의사였다고 한다면 수증자는 10억 원을 증여받은 것이 되고, 근저당채무는 후에 상속채무가 되어 공동상속인이 법정상속비율대로 채무를 상속받게 될 것입니다. 이러한 경우 유류분 산정의 기초재산은 10억 원이 될 것입니다.

2. 임차인이 있는 경우

임차인이 있는 부동산을 증여할 때는 어떨까요? 임차인이 있는 상가나 주택이 양도되면 상가건물임대차보호법이나 주택임대차보호법의 규정상 임대인의 지위도 함께 양수인에게 승계되므로 수증자가 보증금반환채무를 부담하게 됩니다. 그러므로 보증금반환채무는 더 이상 상속채무가 아니며 10억 원짜리 부동산에 3억 원의 보증금이 있는 부동산 증여받는다면 수증자는 7억 원을 증여받은 것이 됩니다. 따라서 유류분 산정의 기초재산은 7억 원이 될 것입니다.

> **대법원 2009. 5. 28. 선고 2009다15794 판결**
>
> 증여로 인하여 이 사건 부동산의 소유권이 피고에게 양도됨으로써 피고는 임대인의 지위를 승계하였다 할 것이고, 이 경우 임대차보증금반환채무도 부동산의 소유권과 결합하여 일체로서 이전하게 되어 망인의 임대인으로서의 지위나 임대차보증금반환채무는 소멸하였다고 할 것이므로, 사망 당시 망인이 위와 같은 임대차보증금반환채무를 여전히 부담하고 있었다고 볼 수 없고, 따라서 원고 등의 유류분 부족액을 산정함에 있어 위와 같은 망인의 임대차보증금반환채무를 상속채무에 포함시켜서는 안 될 것이다.

위와 같은 이유로 부담부 증여의 경우에는 지분반환이 굉장히 곤란하게 됩니다. 유류분 산정의 기초재산은 수증자의 부담부분을 제외하고 산정되는데 반해 근저당채무나 보증금반환채무는 그러한 점을 고려하지 않고 책임져야 하기 때문입니다.

위와 같이 부담부 증여의 경우 유류분 산정을 위해서는 부담부 채무를 공제하여야 한다는 점과 지분반환이 어려워 가액배상의 방식으로 청구하는 것이 유리하다는 것을 꼭 알아 두셔야 하겠습니다.

유류분청구에서 원물반환이 불가능한 경우의 가액산정시점

유류분청구 가액산정시점은?

유류분을 계산할 때 유류분의 기초재산에 가산되는 증여재산의 평가시기는 증여 시가 아니라 상속개시 시로 보아야 한다는 것이 법원의 확고한 입장입니다.

> **대법원 2009. 7. 23. 선고 2006다28126 판결**
>
> 유류분반환범위는 상속개시 당시 피상속인의 순재산과 문제된 증여재산을 합한 재산을 평가하여 그 재산액에 유류분청구권자의 유류분비율을 곱히어 얻은 유류분액을 기준으로 하는 것인바, 그 유류분액을 산정함에 있어 반환의무자가 증여받은 재산의 시가는 상속개시 당시를 기준으로 하여 산정하여야 한다.

그런데 유류분반환의무자가 유류분소송 시 이미 유류분반환물인 부동산 등을 처분하여 원물반환이 불가능한 경우나 당사자가 모두 원물반환이 아닌 가액으로 반환받고 싶어하는 경우가 있습니다.

그러한 경우에는 어쩔 수 없이 부동산의 가액으로 반환받아야 하는데 피상속인이 사망한 후 유류분소송을 제기하기까지 보통 몇 달 이상이 지나고 소송기간도 1년 이상이 걸리는 경우가 많기 때문에 상속개시 시와 변론종결시 사이에 부동산의 시세가 크게 상승하는 경우 어떤 시점을 기준으로 가액을 산정해야 하는지가 문제됩니다.

판례는 이러한 경우 그 가액의 산정시점에 대하여 다음과 같이 판시하고 있습니다.

> **대법원 2005. 6. 23. 선고 2004다51887 판결**
>
> 우리 민법은 유류분제도를 인정하여 제1112조부터 제1118조까지 이에 관하여 규정하면서도 유류분의 반환방법에 관하여 별도의 규정을 두지 않고 있는바, 다만 제1115조 제1항이 '부족한 한도에서 그 재산의 반환을 청구할 수 있다.'고 규정한 점 등에 비추어 반환의무자는 통상적으로 증여 또는 유증대상 재산 그 자체를 반환하면 될 것이나 위 원물반환이 불가능한 경우에는 그 가액 상당액을 반환할 수밖에 없다.

유류분반환범위는 상속개시 당시 피상속인의 순재산과 문제된 증여재산을 합한 재산을 평가하여 그 재산액에 유류분청구권자의 유류분비율을 곱하여 얻은 유류분액을 기준으로 하는 것인바, 이와 같이 유류분액을 산정함에 있어 반환의무자가 증여받은 재산의 시가는 상속개시 당시를 기준으로 산정하여야 하고, 당해 반환의무자에 대하여 반환하여야 할 재산의 범위를 확정한 다음 그 원물반환이 불가능하여 가액반환을 명하는 경우에는 그 가액은 사실심 변론종결시를 기준으로 산정하여야 한다.

　즉 유류분반환의무자가 증여받은 부동산의 가액으로 유류분을 반환할 경우 유류분청구권자는 사실심 변론종결시(판결선고 전 변론을 끝내는 시점)의 부동산 가액으로 산정하여 받을 수 있는 것입니다.

　따라서 유류분반환청구소송에서 부동산의 시가감정촉탁신청을 할 때에는 상속개시 시의 시가와 촉탁신청 당시의 현재시가를 함께 감정해 달라고 신청하는 것이 좋습니다.

친생자관계부존재확인의소와 친생부인의소
친생자관계부존재확인의소란?

가족관계등록부에 자신의 자녀로 등록되어 있는 자가 실제로는 친자녀가 아닌 경우가 종종 있습니다. 예전에는 남편이 밖에서 낳아온 아이를 배우자의 친자로 호적에 올리는 경우가 많았죠. 그런데 결국 부부가 이혼을 하거나 하여 오랜 기간 동안 소식도 모르고 지내다가 나이가 들면 자신의 친자녀들에게 재산을 모두 상속 하고 싶어져서 가족관계등록부를 바로 잡고 싶어지는 경우가 발생합니다. 이럴 때 이러한 관계를 바로 잡기 위한 절차가 친생자관계부존재확인 및 친생부인의소라 할 수 있습니다.

1. 친생자관계부존재확인의소와 친생부인의소는 엄연히 다른 제도입니다

우선 친생부인의소는 친생자 추정을 받는 자와 서로 간에 친생자관계가 존재하지 않는 다는 것을 확인받는 소송입니다. 민법은 다음과 같은 경우를 남편의 친생자로 추정합니다(母의 경우 출산으로 당연히 친생자관계를 알 수 있습니다).

> **민법 제844조(남편의 친생자의 추정)**
>
> ① 아내가 혼인 중에 임신한 자녀는 남편의 자녀로 추정한다.
> ② 혼인이 성립한 날부터 200일 후에 출생한 자녀는 혼인 중에 임신한 것으로 추정한다.
> ③ 혼인관계가 종료된 날부터 300일 이내에 출생한 자녀는 혼인 중에 임신한 것으로 추정한다.

즉 친생부인의 소는 민법 규정에 의하여 친생자로 추정되는 사람에게만 제기할 수 있는 것으로 반드시 친자가 아니라는 것을 안 날로부터 2년 내에 제기하여야 하며, 만약 안 날로부터 2년이 지난다면 친자관계에 대해서는 더 이상 다툴 수 없습니다.

> **민법 제847조(친생부인의 소)**
>
> ① 친생부인(親生否認)의 소(訴)는 부(夫) 또는 처(妻)가 다른 일방 또는 자(子)를 상대로 하여 그 사유가 있음을 안 날부터 2년내에 이를 제기하여야 한다.
> ② 제1항의 경우에 상대방이 될 자가 모두 사망한 때에는 그 사망을 안 날부터 2년 내에 검사를 상대로 하여 친생부인의 소를 제기할 수 있다.

2. 반면 친생자관계부존재확인소송은 친생자 추정을 받지 않는 자에 대해서 제기할 수 있는 소송입니다

남편이 밖에서 데려온 아이를 가족관계등록부에 자녀로 올렸다거나 하는 경우는 친생자 추정을 받을 수 있는 경우가 아니지요. 친생자관계부존재확인소송은 친생부인의 소와 달리 2년의 제척기간(일정한 기간 내에 행사하지 않으면 해당 권리가 소멸되는 기간)이 없으므로 언제든지 소송을 제기할 수 있습니다.

다만 당사자 중 일방이 사망한 때에는 그 사망을 안 날로부터 2년 내에 검사를 상대로 제기하여야 합니다.

> **민법 제865조(다른 사유를 원인으로 하는 친생관계존부확인의 소)**
>
> ① 제845조, 제846조, 제848조, 제850조, 제851조, 제862조와 제863조의 규정에 의하여 소를 제기할 수 있는 자는 다른 사유를 원인으로 하여 친생자관계존부의 확인의 소를 제기할 수 있다.
> ② 제1항의 경우에 당사자일방이 사망한 때에는 그 사망을 안 날로부터 2년내에 검사를 상대로 하여 소를 제기할 수 있다.

친생부인의소나 친생자관계부존재확인의소 모두 당사자 사이에 친자관계가 없다는 명백한 증거가 있어야 인용될 수 있습니다. 따라서 극히 예외적인 경우를 제외하고는 '유전자 검사'를 통해 친자관계가 아니라는 점을 입증해야 합니다. 많은 분들이 상대방이 유전자검사에 응하지 않으면 어떻게 할지에 대해서 걱정하시는데 법원은 이럴 때 상대방에게 유전자 검사를 받을 것을 명하는 '수검명령'을 내릴 수 있으며, 상대방이 이에 응하지 않으면 1천만 원 이하의 과태료를 부과할 수 있고, 그래도 따르지 않는 다면 30일 이내의 감치명령을 내릴 수 있으므로 대부분의 경우 크게 걱정하지 않으셔도 됩니다.

만약 당사자가 사망한 경우라면 당사자가 생전에 쓰던 물품을 통하거나 당사자의 자녀 등 다른 친족들을 상대로 유전자 검사를 진행할 수 있습니다.

유류분반환청구권의 소멸시효 중단
유류분반환청구 소멸시효

　민법은 유류분반환청구에 대하여 1년의 단기소멸시효를 규정하고 있습니다. 유류분권리자가 '상속의 개시와 반환하여야 할 증여 또는 유증을 한 사실을 안 때'로부터 1년 내에 반환을 청구하지 않으면 더 이상 유류분반환청구소송을 진행할 수 없게 되는 것입니다.

> 제1117조(소멸시효) 반환의 청구권은 유류분권리자가 상속의 개시와 반환하여야 할 증여 또는 유증을 한 사실을 안 때로부터 1년 내에 하지 아니하면 시효에 의하여 소멸한다. 상속이 개시한 때로부터 10년을 경과한 때도 같다.

　유류분반환청구를 반드시 소송을 통해 하여야 하는 것은 아닙니다.
　피상속인이 사망한 시점으로부터 1년 내에 유류분반환청구를 해야 한다고 할 때, 그 반환청구를 반드시 소송을 통해 해야 하는 것은 아닙니다.

1. 우리 민법은 소멸시효를 중단하는 제도를 두고 있습니다

소멸시효의 중단이란 '소멸시효의 기초가 되는 사실 상태를 깨뜨리는 권리자 또는 의무자의 일정한 행위가 있는 경우에 이미 경과한 시효기간을 소멸하게 하고 그때부터 다시 소멸시효의 기간을 진행하게 하는 것'을 말합니다.

즉 유류분권리자가 유류분반환권자에게 내용증명이나 카카오톡 등으로 유류분의 반환을 청구하면 소멸시효가 중단되는 것입니다.

> **대법원 1995. 6. 30. 선고 93다11715 판결**
>
> 유류분반환청구권의 행사는 재판상 또는 재판 외에서 상대방에 대한 의사표시의 방법으로 할 수 있고, 이 경우 그 의사표시는 침해를 받은 유증 또는 증여행위를 지정하여 이에 대한 반환청구의 의사를 표시하면 그것으로 족하고 그로 인하여 생긴 목적물의 이전등기청구권이나 인도청구권 등을 행사하는 것과는 달리 그 목적물을 구체적으로 특정하여야 하는 것은 아니며, 민법 제1117조 소정의 소멸시효의 진행도 위 의사표시로 중단된다.

그러나 위와 같이 재판외의 방법으로 유류분반환을 청구하였을 경우에는 반드시 6개월 내에 재판상 청구 등을 하여야만 합니다.

6개월 내에 재판상 청구를 하지 않으면 시효중단의 효력이 소멸되기 때문입니다.

제174조(최고와 시효중단) 최고는 6월내에 재판상의 청구, 파산절차참가, 화해를 위한 소환, 임의출석, 압류 또는 가압류, 가처분을 하지 아니하면 시효중단의 효력이 없다.

2. 재판외 청구의 경우 예시

만약 피상속인이 사망하자마자 유류분권리자가 유류분반환권자에게 유류분반환을 요구하고 소송은 진행하지 않다가, 사망으로부터 5개월이 지난 시점에서 또 한번 반환을 요구하고 사망으로부터 11개월이 지난 시점에서 또 다시 유류분 반환을 요구한 후 1년이 지나 버렸다면 유류분권리자는 유류분반환청구소송을 제기할 수 있을까요?

최고를 여러 번 거듭하다가 재판상청구등을 한 경우에 시효중단의 효력은 항상 최초의 최고시에 발생하는 것이 아니라 재판상청구 등을 한 시점을 기준으로 하여 이로부터 소급하여 6월 이내에 한 최고시에 발생한 것으로 보기 때문에(대법원 1983. 7. 12. 선고 83다카437 판결), 위 사안에서 유류분권리자는 피상속인이 사망한 지 17개월 내에는 유류분반환청구소송을 제기할 수 있게 됩니다.

가능하면 상속개시일로부터 1년 내에 재판상청구를 하는 것이 좋습니다.

재판외의 청구의 경우 상대방에게 침해를 받은 유증 또는 증여행위를 지정하여 이에 대한 반환청구의 의사를 표시하였다는 사실을 입증하여야 하기 때문에 반드시 증거를 남겨 놓아야 하며, 가능하면 피상속인 사망일부터 1년 내에 유류분반환청구소송을 제기하는 것이 안전할 것입니다.

유류분반환청구권 단기소멸시효기간의 기산점
유류분반환청구의 단기소멸시효

유류분이란 피상속인의 재산처분의 자유를 제한하여 법률상 상속인 등에게 귀속되는 것이 보장된 상속재산 중의 일정비율을 말합니다. 피상속인이 생전에 자녀 중 1인에게 모든 재산을 증여하였다 하더라도 다른 공동상속인들은 수증자에게 자신의 법정상속분의 1/2을 반환청구 할 수 있는 것이죠.

1. 유류분반환청구의 단기소멸시효

그런데 민법은 유류분반환청구에 대하여 1년의 단기소멸시효를 규정하고 있습니다.

즉 유류분권리자가 '상속의 개시와 반환하여야 할 증여 또는 유증을 한 사실을 안 때'로부터 1년 내에 반환을 청구하지 않으면 더 이상 유류분반환청구소송을 진행할 수 없게 되는 것입니다.

> 제1117조(소멸시효) 반환의 청구권은 유류분권리자가 상속의 개시와 반환하여야 할 증여 또는 유증을 한 사실을 안 때로부터 1년 내에 하지 아니하면 시효에 의하여 소멸한다. 상속이 개시한 때로부터 10년을 경과한 때도 같다.

이러한 단기소멸시효에 대하여 실무상 문제되는 부분은 유류분권리자가 '상속의 개시와 반환하여야 할 증여 또는 유증을 한 사실을 안 때'가 언제인지 여부, 즉 단기소멸시효의 기산점이 언제인지 여부입니다. 이에 대하여 판례는 다음과 같이 판시하였습니다.

> **대법원 2006. 11. 10. 선고 2006다46346 판결**
>
> 민법 제1117조가 규정하는 유류분반환청구권의 단기소멸시효기간의 기산점인 '유류분권리자가 상속의 개시와 반환하여야 할 증여 또는 유증을 한 사실을 안 때'는 유류분권리자가 상속이 개시되었다는 사실과 증여 또는 유증이 있었다는 사실 및 그것이 반환하여야 할 것임을 안 때를 뜻한다.
>
> 해외에 거주하다가 피상속인의 사망사실을 뒤늦게 알게 된 상속인이 유증사실 등을 제대로 알 수 없는 상태에서 다른 공동상속인이 교부한 피상속인의 자필유언증서 사본을 보았다는 사정만으로는 자기의 유류분을 침해하는 유증이 있었음을 알았다고 볼 수 없고, 그 후 유언의 검인을 받으면서 자필유언증서의 원본을 확인한 시점에 그러한 유증이 있었음을 알았다고 봄이 상당하다.

최근 대법원 판결은 아니지만 소멸시효의 기산점에 대하여 실무적으로 의미 있는 판결이 나와서 하나 소개해 드립니다.

이 사안은 딸 9명과 아들 1명을 둔 피상속인이 생전에 아들에게 소유

토지 전부(약 80억 원)를 모두 증여하고, 딸들에게는 각 2천만 원씩만 증여하면서 상속포기 각서를 받아 놓았는데 피상속인이 사망하자 딸들이 아들을 상대로 피상속인이 사망한지 1년이 지난 후에 유류분반환을 청구한 사안입니다.

이미 설명드린 바 있지만 상속개시 이전에 유류분을 포기한다는 내용의 각서는 효력이 없습니다.

이 사건에서 피고인 아들은 상속이 개시된 지 1년이 지난후에 유류분반환을 청구하였으므로 소멸시효가 완성되었다는 주장을 하였는데 법원은 다음과 같이 판단하였습니다.

> **부산고등법원 2021. 10. 6. 선고 2021나50409, 2021나50393 판결**
>
> 일부 원고들이 상속인들이 사망한 때부터 1년이 경과한 후 유류분반환청구의 소를 제기하였다고 하더라도, 상속포기각서를 작성할 당시 '상속재산 전체'라고만 기재되어 있을 뿐 상속재산이 구체적으로 기재되어 있지 않은 점, 부친의 농사일을 도와준 적이 있다고 하여 부모들의 토지 소유현황을 알았다고 보기 어렵고, 부친이 아들에게 증여한 토지가 33개로 상당히 많은 반면, 원고들이 그 내역을 구체적으로 알 수 있는 방법은 제한적인 점 등에 비추어 위 원고들이 일부 토지에 관하여는 등기부등본을 발행받은 때 그 토지에 대한 증여사실을 알았다고 봄이 타당하다.

즉 이 사안에서는 유류분권리자들이 실제로 유류분이 침해당했을 것이라는 것을 알았을 개연성이 커 보이기는 하나, 법원은 구체적인 침해를 확인해야만 소멸시효가 진행된다고 판단한 듯합니다.

　이처럼 유류분반환청구의 단기소멸시효의 기산점 문제는 구체적인 사안을 면밀히 따져 봐야 하며 주장논리에 따라 결과가 크게 변할 수 있으므로 반드시 전문가의 조력을 받아 보시는 것이 좋겠습니다.

상속재산분할심판에서 상속재산인 부동산을 분할하는 방법
상속부동산을 분할하는 방식

상속재산 중 부동산이 있는 경우 공동상속인들 간에 어떠한 방식으로 부동산을 분할할 것인지를 두고 첨예하게 대립하는 경우가 많습니다.

1. 상속부동산을 분할하는 방식

1) 현물분할

부동산 그대로의 상태로 상속인 사이에서 나누는 방식입니다. 즉, 공동상속인들이 자신의 상속지분 비율대로 지분등기를 하는 것입니다.

2) 대상분할

상속인 중 1인이 부동산을 취득하고 나머지 상속인에게 그 상속지분에 해당하는 가액을 계산하여 지급하는 방식입니다.

3) 경매에 붙이는 방식

부동산을 경매에 붙여(형식적 경매) 경매대금을 상속지분비율대로 정산하는 방식입니다.

가장 간단한 방식은 현물분할 방식인데 상속인이 많을 경우에는 지분등기를 한 후 부동산의 관리 및 처분이 쉽지 않다는 단점이 있습니다.

그렇기 때문에 특히 다수 지분권자는 가액을 지급해서라도 단독소유로 분할하는 것을 선호하는 경우가 많습니다만 감정적인 이유 및 여러 가지 이유로 소수지분권자도 현물분할을 원하기도 합니다.

공동상속인들이 상속부동산의 분할방식에 대해 첨예하게 대립할 경우 재판부는 어떠한 방식으로 부동산의 분할을 명할까요?

이에 대하여 대법원은 다음과 같이 판시하였습니다.

> **대법원 2014. 11. 25.자 2012스156,157 결정**
>
> 상속재산 분할방법은 상속재산의 종류 및 성격, 상속인들의 의사, 상속인들 간의 관계, 상속재산의 이용관계, 상속인의 직업·나이·심신상태, 상속재산분할로 인한 분쟁 재발의 우려 등 여러 사정을 고려하여 법원이 후견적 재량에 의하여 결정할 수 있다.

> ① 청구인은 상대방과 남매지간임에도 오랜 기간 피상속인의 부양이나 이 사건 상속재산분할 문제로 한 치의 양보 없이 첨예하게 대립해 왔고 현재로서는 두 사람의 악화된 관계가 다시 회복되기는 매우 곤란해 보이는 점, ② 이러한 상황에서 청구인 주장대로 상속지분에 따른 공유방식으로 분할하게 되면 이 사건 부동산의 관리, 처분을 둘러싸고 분쟁이 계속될 수밖에 없는 점, ③ 청구인은 경매에 의한 분할방법이 청구인이나 상대방에게 막대한 피해를 줄 수 있다고 주장하나 이를 뒷받침할 만한 충분한 증거를 찾아볼 수 없는 점 등 기록에 의하여 알 수 있는 여러 사정을 앞서 본 법리에 비추어 살펴보면, 이 사건 부동산 분할방법에 관한 원심의 판단은 정당한 것으로 수긍할 수 있고, 거기에 상속재산 분할방법에 관한 법리를 오해한 잘못이 없다.

즉 상속인들의 의사 및 상속인들의 관계 등 여러 사정을 고려하여 재판부가 가장 적절하다고 생각하는 방식으로 분할을 명한다는 것입니다.

그러므로 상속인이 자신이 특별히 원하는 분할방식이 있다면 상속재산분할심판에서 그러한 방식으로 분할해야 하는 당위성에 대하여 적극적인 논리를 펼쳐야 할 것입니다.

유류분의 반환방법
원물반환과 가액반환

상속인이 자신이 받아야 할 최소한의 상속분(유류분)도 받지 못했을 경우, 그 상속인은 유류분 이상의 유증이나 증여를 받은 상속인 및 제3자에 대하여 유류분의 반환을 청구할 수 있습니다.

1. 원물반환과 가액반환

그런데 유류분청구권자는 자신의 유류분을 어떤 방식으로 돌려받게 될까요?

유류분을 반환받는 방법에는 원물반환의 방식과 가액반환의 방식이 있습니다.

원물반환은 말 그대로 유류분반환의무자가 증여받은 재산 그대로를 받는 방식으로, 예를 들어 증여재산이 부동산이라면 유류분청구권자가 자신의 유류분만큼의 부동산 지분 이전을 청구하는 것입니다.

반대로 가액반환이란 예를들어 증여재산이 부동산이라도 유류분청구권자가 자신의 유류분 비율만큼의 부동산 가액을 청구하는 것입니다.

2. 유류분 반환방식의 원칙

그럼 유류분청구권자는 유류분반환청구 시 원물반환을 요구해야 할까요 아니면 가액반환을 요구해야 할까요?

민법에 유류분의 반환방법에 대한 명시적인 규정은 없지만 법원은 원물반환을 원칙으로 보고 있습니다.

그런데 증여부동산이 부동산일 경우, 유류분청구권자의 유류분 지분은 아무래도 소수일 것이므로 지분으로 반환받는다 하더라도 제대로 된 사용이 어렵고, 공유지분으로 되어 있으니 향후 분쟁의 소지도 큽니다.

또한 부동산 지분보다는 당장 현금이 필요한 유류분권자도 있을 수 있을 것입니다.

3. 가액반환청구는 불가능할 것일까?

원물반환이 원칙이긴 해도 가액반환청구 자체가 불가능한 것은 아닙니다.

　유류분권자가 가액반환을 원할 경우 처음부터 소장에 가액반환을 청구하는 취지로 소송을 제기할 수도 있습니다.

　다만 이러한 가액반환에 대해서, 유류분반환의무자인 피고가 동의하거나 다투지 않으면 법원이 가액반환을 명할 수 있지만, 피고가 원물반환을 주장하며 가액반환에 대해 반대한다면 법원이 피고의 의사에 반하여 가액반환을 명할 수는 없습니다.

> **대법원 2013. 3. 14. 선고 2010다42624,42631 판결**
>
> 원물반환이 가능하더라도 유류분권리자와 반환의무자 사이에 가액으로 이를 반환하기로 협의가 이루어지거나 유류분권리자의 가액반환청구에 대하여 반환의무자가 이를 다투지 않은 경우에는 법원은 그 가액반환을 명할 수 있지만, 유류분권리자의 가액반환청구에 대하여 반환의무자가 원물반환을 주장하며 가액반환에 반대하는 의사를 표시한 경우에는 반환의무자의 의사에 반하여 원물반환이 가능한 재산에 대하여 가액반환을 명할 수 없다.

유류분의 반환의 순서
유류분반환의무자가 수인일 경우는?

1. 유류분반환의무자가 수인일 경우 어떤 순서로 누구에게 반환청구를 하여야 할까요?

이에 대해서 판례는 '유류분초과비율설'을 택하고 있는데, 이는 유류분권리자는 수유자 또는 수증자 중 자신의 유류분액을 넘는 유증 또는 증여를 받은 자에 대하여만 반환청구를 할 수 있고, 이러한 자들이 복수이면 그들 사이의 반환비율은 유류분을 초과하는 부분의 비율에 따라 결정되어야 한다는 견해입니다.

자녀 A : 2,000만 원
자녀 B : 1,500만 원
자녀 C : 500만 원
자녀 D : 0원

을 각각 상속받았을 경우

1) D의 유류분반환청구

이러한 경우 D의 유류분액은 500만 원(법정상속분 1,000만 원의 1/2)이 됩니다.

A의 유류분초과액은 1,500만 원(2,000만 원 - 유류분 500만 원),
B의 유류분초과액은 1,000만 원(1,500만 원 - 유류분 500만 원),
C의 유류분초과액은 0원(500만 원 - 유류분 500만 원)이 됩니다.

그렇다면 D는 C에게는 유류분반환을 청구할 수 없고(유류분초과액이 없으므로),

A와 B에게 각각 3:2(1,500만 원: 1,000만 원)의

비율로 반환청구를 할 수 있으므로

A에게 300만 원, B에게 200만 원을 청구하면 됩니다.

증여와 유증이 섞여 있으면 유류분반환청구의 순서가 조금 복잡해집니다.

상속인들이 재산을 물려받을 때, 어떤 상속인은 '증여'로, 어떤 상속

인은 '유증'으로 받거나, 한사람이 어떤 재산은 '증여'로 어떤 재산은 '유증'으로 받는다고 하면, 반환 순서가 좀 복잡해집니다.

2. 증여와 유증

증여란 피상속인이 생전에 재산을 주는 것이고, 유증이란 유언으로 재산을 상속하여 주는 것입니다.

간단하게 설명하면 생전에 주면 증여이고, 사망하고 주면 유증인 것입니다.

상속인이 재산을 받는 방식에 증여와 유증이 모두 포함되면 계산이 복잡해지는 이유는, 민법 제1116조 때문입니다.

> 제1116조(반환의 순서) 증여에 대하여는 유증을 반환받은 후가 아니면 이것을 청구할 수 없다.

즉 상속인들이 재산을 받을 때 생전증여로 받은 재산이 있고, 유증으로 받은 재산이 있다면, 일단 유증받은 재산에 대하여 먼저 반환받고, 거기서 부족하면 증여재산에 대하여 반환청구를 해야 한다는 것입니다.

A : 2,000만 원(증여)
B : 1,000만 원(유증)
C : 0원

을 각각 상속받았을 경우

1) C의 유류분반환청구

이런 경우 C의 유류분은 500만 원이 되는데, 이를 A와B에게 2:1의 비율로 유류분반환청구를 할 수 있는 것이 아니라, 수유자인 B에게 500만 원 전액을 청구해야 하는 것입니다.

간단한 예를 들어 설명하였지만, 증여와 유증이 섞여 있을 경우 반환 순서나 계산이 굉장히 복잡하게 되는 경우가 발생하며, 잘못 청구하는 경우 상당한 재산상 손해가 발생할 수 있다는 점을 유의하셔야 하겠습니다.

유류분권리자의 상속인이 유류분반환청구권을 행사할 수 있는지 여부
유류분반환 청구여부

상속인이 자신이 받아야 할 최소한의 상속분(유류분)도 받지 못했을 경우, 그 상속인은 유류분 이상의 유증이나 증여를 받은 상속받은 상속인 및 제3자에 대하여 유류분의 반환을 청구할 수 있습니다.

유류분청구를 할지 말지는 청구권자의 자유입니다. 그러므로 유류분을 침해받은 모든 상속인이 반드시 유류분의 반환을 청구해야 할 필요는 없습니다.

1. 유류분권리자의 채권자가 유류분권리자를 대신하여 유류분반환청구를 할 수 있을까요?

유류분청구를 할지 말지는 권리자의 자유이나 문제는 유류분을 침해받은 상속인에게 채권자가 있을 경우입니다.

상속인의 채권자는 자신의 채무자인 상속인이 유류분반환소송을 제기하여 일정 재산을 상속받으면 자신도 채무자에게 채권을 회수할 수 있기 때문에 채무자가 유류분반환청구를 할 것을 기대할 수밖에 없을 것입니다.

그런데 만약 유류분권리자가 유류분반환청구를 행사하지 않고 있다면, 유류분권리자의 채권자가 유류분권리자를 대신하여 유류분반환청구를 할 수 있을까요? 이른바 채권자대위가 가능한지의 문제입니다.

2. 채권자대위권이란?

채권자대위권이란 채권자가 자신의 채권을 보전하기 위해 채무자의 권리를 대신 행사할 수 있는 권리를 말합니다.

> 제404조(채권자대위권) ① 채권자는 자기의 새권을 보전하기 위하여 채무자의 권리를 행사할 수 있다. 그러나 일신에 전속한 권리는 그러하지 아니하다.

예를 들어 A가 B에게 100만 원을 빌려주었고, B가 C에게 100만 원을 빌려주었다고 할 때,

B가 A의 돈을 갚지 않고 있으면서도 C에게도 100만 원의 변제를 청구하지 않고 있다면,

A가 B를 대신하여 C에게 변제를 청구할 수 있는 것입니다.

그런데 판례는 상속인의 채권자가 상속인의 유류분반환청구권을 대신 행사할 수 있는지에 대하여 다음과 같이 판시하고 있습니다.

> 대법원 2010. 5. 27. 선고 2009다93992 판결
>
> 유류분반환청구권은 그 행사 여부가 유류분권리자의 인격적 이익을 위하여 그의 자유로운 의사결정에 전적으로 맡겨진 권리로서 행사상의 일신전속성을 가진다고 보아야 하므로, 유류분권리자에게 그 권리행사의 확정적 의사가 있다고 인정되는 경우가 아니라면 채권자대위권의 목적이 될 수 없다.

즉, 유류분반환청구권은 유류분권리자의 의사에 맡겨진 것이므로 그 권리를 행사할지 말지는 유류분권리자만이 결정할 수 있으므로 유류분권리자의 채권자라 하더라도 이를 대신 행사할 수는 없다는 것입니다.

3. 유류분권리자의 상속인은 유류분권리자의 유류분청구권을 대신 행사할 수 있을까요?

예를 들어 피상속인에게 배우자 A, 자녀 B, C가 있는데 피상속인이 자녀 B에게 모든 재산을 증여한 후 사망하였다고 하면, A와 C는 B에게 각각 3/14, 2/14의 유류분을 청구할 수 있을 것입니다.

그런데 피상속인의 사망 직후 A가 사망하였다고 하면 A의 상속권자 C는 A의 유류분청구권을 대신 행사할 수 있을까요?

만약 할 수 있다고 한다면 C는 B에게 총 7/28(자신의 유류분비율 2/14 + 어머니의 유류분비율 3/14 중 자신의 상속분 3/28)의 유류분을 청구할 수 있을 것입니다.

이에 대해 판례를 다음과 같이 판시하였습니다.

> **대법원 2013. 4. 25. 선고 2012다80200 판결**
>
> 유분반환청구권은 그 행사 여부가 유류권리자의 인격적 이익을 위하여 그의 자유로운 의사결정에 전적으로 맡겨진 권리로서 행사상의 일신전속성을 가진다고 보아야 하지만, 그렇다고 하여 양도나 상속 등의 승계까지 부정해야 할 아무런 이유가 없으므로 귀속상의 일신전속성까지 가지는 것은 아니라고 할 것이다. 따라서 유류분권리자의 상속인은 포괄승계인으로서 유류분권리자의 유류분반환청구권을 별다른 제한 없이 행사할 수 있다.

즉 유류분반환청구권자가 사망하여 그 권리를 상속받은 자는 유류분반환청구를 할 수 있는 것입니다. 다만, 위 사례에서 피상속인 사망 후 어머니인 A가 사망하기 전에 B에 대한 유류분청구를 포기하겠다는 의사를 명백히 하였다면 C도 B에게 어머니 몫의 유류분청구를 할 수는 없을 것입니다.

상속포기자를 상대로 유류분반환 청구를 할 수 있는지 여부
유류분반환청구와 공동상속인에 대한 증여시기

유류분은 피상속인의 상속개시 시에 있어서 가진 재산의 가액에 증여재산의 가액을 가산하고 채무의 전액을 공제하여 이를 산정하며, 증여는 상속개시 전의 1년간에 행한 것에 한하여 산입되나, 당사자 쌍방이 유류분권리자에 손해를 가할 것을 알고 증여를 한 때에는 1년전에 한 것도 산입됩니다(민법 제1114조).

다만, 피상속인이 공동상속인에게 생전에 한 증여는 그 시기를 불문하고 유류분반환청구의 대상이 될 수 있습니다.

생전증여를 받은 공동상속인이 상속개시이후 상속포기를 하면 유류분반환청구를 할 수 있을까요?

예를 들어 피상속인 생전에 피상속인으로부터 증여를 받았던 상속인 A가 상속이 개시되자 상속포기를 한 경우, 다른 상속인인 B는 A가 생전증여 받은 재산을 대상으로 하여 유류분반환청구를 할 수 있을까요?

이에 대해서 판례는 다음과 같이 판시하였습니다.

> **대법원 2022. 7. 14. 선고 2022다219465 판결**
>
> 피상속인으로부터 특별수익인 생전 증여를 받은 공동상속인이 상속을 포기한 경우에는 민법 제1114조가 적용되므로, 그 증여가 상속개시 전 1년간에 행한 것이거나 당사자 쌍방이 유류분권리자에 손해를 가할 것을 알고 한 경우에만 유류분 산정을 위한 기초재산에 산입된다고 보아야 한다. 민법 제1008조에 따라 구체적인 상속분을 산정하는 것은 상속인이 피상속인으로부터 실제로 특별수익을 받은 경우에 한정되는데, 상속의 포기는 상속이 개시된 때에 소급하여 그 효력이 있고, 상속포기자는 처음부터 상속인이 아니었던 것이 되므로, 상속포기자에게는 민법 제1008조가 적용될 여지가 없기 때문이다.

즉, 공동상속인인 A가 생전에 피상속인으로부터 증여를 받았다 하더라도 상속포기를 하면 A는 처음부터 상속인이 아니었던 것이 되므로, 민법 제1114조에 따라 상속개시 1년 내에 받은 증여재산이나 당사자 쌍방이 유류분권리자(B)에 손해를 가할 것을 알고 받은 증여새산만이 유류분반환청구의 대상이 되는 것입니다.

상속의 포기는 상속개시된 때에 소급하여 그 효력이 있기 때문에(민법 제1042조), 증여당시 예비공동상속인이었다 하더라도 상속개시 후 상속포기를 하였다면 결국 제3자에게 한 증여와 같이 보아야 하며, 상속포기자에게 유류분반환청구를 할 경우에는 그 증여 시기 및 당사자 쌍방이 유류분권리자에 손해를 가할 것을 알고 증여한 것인지 여부를 면밀히 살펴 보아야 합니다.

공동상속인에게 상속개시 10년 이전에 증여한 재산도 유류분반환청구의 대상이 되는지 여부
유류분이란?

유류분이란 피상속인의 재산처분의 자유를 제한하여 법률상 상속인 등에게 귀속되는 것이 보장된 상속재산 중의 일정비율을 말합니다.

예를 들어 피상속인이 생전에 자녀 중 1인에게 모든 재산을 증여하였다 하더라도 다른 공동상속인들은 수증자에게 자신의 법정상속분의 1/2을 반환청구 할 수 있습니다.

1. 유류분을 구하는 공식은?

※ (상정상속재산 - 상속채무) × (법정상속분 × 유류분비율) = 유류분

※ {(현재 피상속인 명의로 남아 있는)상속재산 + 특별수익} = 상정상속재산

여기서 특별수익이란 피상속인이 생전에 공동상속인에게 증여 또는

유증을 통해 분여한 재산을 말하는데, 다른 상속인이 받은 특별수익이 많을수록 유류분반환소송에서의 유류분액도 늘어날 수밖에 없습니다.

부모님이 형제들 중 1인에게 10년전에 증여한 재산은 돌려받을 수 없는 거 아닌가요?

의외로 많은 분들이 위와 같은 질문을 하시는데 이는 아마도 민법 제1114조와 제1117조의 규정을 잘못 이해하시기 때문이 아닌가 싶습니다.

> **제1117조(소멸시효)**
>
> 반환의 청구권은 유류분권리자가 상속의 개시와 반환하여야 할 증여 또는 유증을 한 사실을 안 때로부터 1년 내에 하지 아니하면 시효에 의하여 소멸한다. 상속이 개시한 때로부터 10년을 경과한 때도 같다.

우선 민법 제1117조는 유류분반환청구의 소멸시효에 대한 내용인데 상속개시가 있음을 안 날로부터 1년, 있은 날로부터 10년의 소멸시효를 규정하고 있습니다.

즉 여기서 10년은 상속의 개시 즉 피상속이 사망한 지 10년이 지나면 더 이상 유류분의 반환을 청구할 수 없다는 내용이지 증여한 지 10년이 지나면 유류분반환을 청구를 할 수 없다는 내용이 아닙니다.

> **제1114조(산입될 증여)**
>
> 증여는 상속개시전의 1년간에 행한 것에 한하여 제1113조의 규정에 의하여 그 가액을 산정한다. 당사자 쌍방이 유류분권리자에 손해를 가할 것을 알고 증여를 한 때에는 1년 전에 한 것도 같다.

민법 제1114조는 '증여는 상속개시 전의 1년간에 행한 것'에 관하여만 유류분액 산정에 가산한다고 되어 있어 다소 헷갈릴 수 있는데, 이에 대해서 판례는 다음과 같이 판시하였습니다.

> **대법원 1996. 2. 9. 선고 95다17885 판결**
>
> 공동상속인 중에 피상속인으로부터 재산의 생전 증여에 의하여 특별수익을 한 자가 있는 경우에는 민법 제1114조의 규정은 그 적용이 배제된다고 할 것이고, 따라서 그 증여는 상속개시 1년 이전의 것인지 여부, 당사자 쌍방이 손해를 가할 것을 알고서 하였는지 여부에 관계없이 유류분 산정을 위한 기초재산에 산입된다고 할 것이다.

따라서 결론적으로 피상속인이 공동상속인에게 생전에 한 증여는 그 시기를 불문하고 유류분반환청구의 대상이 될 수 있는 것입니다.

대습원인 발생 이전에 증여받은 재산을 특별수익으로 볼 수 있는지 여부
대습상속이란?

1. 대습상속이란?

상속인이 될 피상속인의 형제자매나 직계비속이 '상속개시 이전 사망하게 되었거나 결격자가 되었을 경우' 사망자 혹은 결격자의 '직계비속 또는 배우자'가 사망자이거나 결격자의 순위에 갈음하여 상속인이 되는 것을 의미합니다.

예를 들어 A에게 아들 B가 있고, 아들 B에게 배우자 C와 아들인 D가 있을 때 A보다 B가 먼저 사망한다면, A의 며느리인 C와 손자인 D가 아들B를 대신하여 상속을 받는 것이지요.

2. 특별수익이란?

한편 특별수익이란 피상속인이 생전에 공동상속인에게 증여 또는 유증을 통해 분여한 재산을 말합니다. 피상속인이 공동상속인에게 증여한 재산이 특별수익으로 인정되면, 이를 상속분의 선급으로 보게 되어, 추후 상속재산분할을 할 때 특별수익을 얻은 상속인은 본래 상속분에서 특별수익을 제한 만큼을 구체적 상속분으로 얻게 됩니다.

대습원인 발생 전에 증여받은 재산을 특별수익으로 볼 수 있을까요?

여기서 대습원인이란 상속인이 될 피상속인의 형제자매나 직계비속이 피상속인보다 먼저 사망한 경우 등을 말합니다.

예를 들어 A에게 아들 B가 있고, 아들 B에게는 배우자 C와 아들인 D가 있는데 A가 B가 생존해 있을 때 손자인 D에게 부동산을 증여한 후 B가 사망하였다면, D에게 증여한 부동산을 대습상속인이 된 D의 특별수익이라 볼 수 있을까요?

법원은 이에 대하여 대습원인 발생 이전 증여받은 재산은 특별수익에 해당하지 않는다고 보았습니다.

> **대법원 2014. 5. 29. 선고 2012다31802 판결**
>
> 대습상속인이 대습원인의 발생 이전에 피상속인으로부터 증여를 받은 경우, 이는 상속인의 지위에서 받은 것이 아니므로 상속분의 선급으로 볼 수 없다.
>
> 그렇지 않고 이를 상속분의 선급으로 보게 되면, 피대습인이 사망하기 전에 피상

> 속인이 먼저 사망하여 상속이 이루어진 경우에는 특별수익에 해당하지 아니하던 것이 피대습인이 피상속인보다 먼저 사망하였다는 우연한 사정으로 인하여 특별수익으로 되는 불합리한 결과가 발생한다.
>
> 따라서 대습상속인의 위와 같은 수익은 특별수익에 해당하지 않는다.

그렇다면 유류분청구도 할 수 없을까요?

원칙적으로 대습상속인도 유류분반환청구의 상대방이 됩니다. 그런데 위 사안과 같은 경우에는 다른 문제가 발생합니다.

상속인에게 증여한 재산은 증여시기에 상관 없이 유류분반환청구의 대상이 되지만, 상속인이 아닌 제3자에게 한 증여는 상속개시시점을 기준으로 1년 내에 행해진 것만 대상이 되기 때문입니다. 따라서 대습상속원인 발생 전에 D가 받은 증여는 상속인의 지위에서 받은 것이 아니므로, 그 증여가 A의 사망일로부터 1년 이전에 받은 것이라면, 유류분반환청구의 대상이 아니게 됩니다.

공동상속인 중 1인이 연락되지 않을 경우의 재산분할 방법

연락이 두절된 공동상속인이 있을 경우, 어떤 방법으로 상속재산을 분할해야 할까요?

피상속인이 사망하여 상속재산분할을 하여야 하는데 공동상속인 중 1인이 오래전부터 연락이 두절되어 연락처나 사는 주소를 알 수 없는 경우가 종종 있습니다.

공동상속인 전원의 동의 없는 상속재산분할협의는 불가능 합니다.

상속인들이 협의에 의한 상속재산분할을 하기 위해서는 공동상속인 전원의 동의가 필요하므로 공동상속인 중 1인이라도 협의에서 빠지면 그 분할협의는 무효가 됩니다.

상속재산이 부동산인 경우가 특히 문제입니다.

상속재산이 가분채권 즉 예금채권 같은 것이라면 피상속인의 사망(상속개시)과 동시에 법정상속분에 따라 각 공동상속인들에게 분할되어 귀속되는 것이므로 각 상속인들은 자신의 법정상속지분 비율대로 은행에게 예금지급을 청구할 수 있지만, 상속재산이 부동산이라면 사정이 다릅니다.

물론 부동산의 경우에도 공동상속인 중 1인이 다른 공동상속인들의 동의 없이 법정상속지분에 따른 등기를 단독으로 할 수는 있지만 등기 후 처분 시에는 지분매매밖에 할 수 없는 문제가 발생합니다.

이러한 경우 실무적으로는 통상 2가지 방법을 시도하게 됩니다.

1. 상속재산분할심판청구를 하는 방법

첫 번째는 상속재산분할심판청구를 바로 제기하여 연락이 끊긴 공동상속인을 찾아내는 방법입니다.

우선 주소불명으로 상속재산분할심판을 제기하고 출입국관리사무소, 통신사, 국민건강보험공단 등에 사실조회를 신청하여 주소를 파악하는 것입니다. 그럼에도 불구하고 결국 주소를 알아낼 수 없다면 공시송달제도를 이용하여 상대방 없이 소송을 진행하되, 연락이 되지 않는 공동상속인의 상속지분에 해당하는 가액을 공탁하는 방식으로의 상속재산분할을 재판부에 요청할 수 있을 것입니다.

2. 부재자재산관리인 제도를 이용하는 방법

두 번째 방법은 공동상속인의 국내거주 여부 및 생사여부가 불분명할 경우 부재자재산관리인의 선임을 법원에 청구하는 방법입니다.

여기서 부재자란 종래의 주소나 거소를 떠나 당분간 돌아올 수 없어서 그의 재산이 관리되지 못하고 방치되어 있는 자를 말하며, 부재자재산관리인이란 부재자를 대신하여 재산을 관리해주는 법정대리인으로, 부재자와 이해관계가 있는 사람이 부재자재산관리인의 선임을 가정법원에 청구할 수 있습니다.

법원이 부재자재산관리인을 선임하였다면, 상속인들은 부재자의 상속지분에 해당하는 금액을 부재자재산관리인에게 맡기고 등기를 가져오는 방식으로 상속재산분할협의를 할 수 있습니다. 이때 부재자재산관리인이 상속재산분할협의를 하기 위해서는 법원에 상속재산분할협의를 할 수 있는 권한을 부여해 달라는 '부재자재산관리인의 권한행위 초과허가 심판청구'를 별도로 하여야 합니다.

이 방법 외에 부재자재산관리인을 상대로 상속재산분할심판을 청구하는 방법도 있는데 이러한 경우 부재자재산관리인이 부재자를 대신하여 상속재산분할심판에 참여하게 됩니다.

상속재산인 건물에서 나온 임대료의 소유권
상속재산인 건물에서 나오는 임대료는 어떤 식으로
배분하여야 할까요?

상속이 개시된 후 상속재산의 분할이 완료될 때까지 생각보다 긴 시간이 소요되는 경우가 많습니다.

상속인들이 모두 원만히 협의하여 상속재산을 분할한다면 그렇지 않겠지만 상속재산의 분할을 놓고 서로 간에 감정이 상하여 소송까지 가는 경우 몇 년이 흐를 수도 있습니다.

1. 상속재산인 건물에서 나오는 임대료는 어떤 식으로 배분하여야 할까요?

상속재산분할이 완료되기까지의 시간이 길어지면 분할완료 전까지 상속재산으로부터 나오는 과실, 예를 들어 상속재산이 건물이라고 할 때 그 건물로부터 나오는 임대료는 누구에게 귀속되는 것일까요?

이에 대해서 판례는 "상속 개시 당시를 기준으로 산정되는 '구체적 상속분'의 비율에 따라 이를 취득한다고 보는 것이 타당"하다고 보았습니다.

> **대법원 2018. 8. 30. 선고 2015다27132(본소), 2015다27149(반소) 판결**
>
> 상속개시 후 상속재산분할이 완료되기 전까지 상속재산으로부터 발생하는 과실(이하 '상속재산 과실'이라 한다)은 상속개시 당시에는 존재하지 않았던 것이다.
>
> 상속재산분할심판에서 이러한 상속재산 과실을 고려하지 않은 채, 분할의 대상이 된 상속재산 중 특정 상속재산을 상속인 중 1인의 단독소유로 하고 그의 구체적 상속분과 특정 상속재산의 가액과의 차액을 현금으로 정산하는 방법(이른바 대상분할의 방법)으로 상속재산을 분할한 경우, 그 특정 상속재산을 분할받은 상속인은 민법 제1015조 본문에 따라 상속개시된 때에 소급하여 이를 단독소유한 것으로 보게 되지만, 상속재산 과실까지도 소급하여 상속인이 단독으로 차지하게 된다고 볼 수는 없다.
>
> 이러한 경우 상속재산 과실은 특별한 사정이 없는 한, 공동상속인들이 수증재산과 기여분 등을 참작하여 상속개시 당시를 기준으로 산정되는 '구체적 상속분'의 비율에 따라, 이를 취득한다고 보는 것이 타당하다.

구체적인 사례를 통해 적용해 볼까요?

상속인인 자녀 A, B, C가 있는데 상속재산으로는 9억 원짜리 건물이 있습니다.

A는 피상속인 생전에 3억 원을 증여받았습니다.

이렇게 되면 구체적 상속분은 A가 1억, B가 4억, C가 4억이 됩니다.

이 건물에서는 1년에 900만 원의 임대료가 나오는데 상속개시 1년 후에 B가 이 건물을 소유하되, A에게 1억 원, C에게 4억 원을 현금으로 지급하는 방식으로 상속분할심판 결정이 났습니다.

이럴 경우 임대료 1,200만 원은 누구의 소유가 될까요?

결론은 구체적인 상속분에 따라 A가 100만 원, B가 400만 원, C가 400만 원을 배분받으면 됩니다.

결국 위 사례에서 상속인인 자녀 A, B, C의 법정상속분은 1/3로 같지만, A는 생전증여로 3억 원의 특별수익을 얻었으므로 구체적 상속분은 1/9이 되며, 900만 원의 임대료 중 100만 원의 임대료만 분배받을 수 있는 것입니다.

구체적으로 어떤 방법을 통해 임대료를 배분할 수 있나요?

그런데 판례에서는 임대료가 상속재산분할의 대상이 되는지 여부에 대해서는 명시적으로 밝히지 않고 있습니다.

임대료를 상속재산분할심판의 분할대상으로 삼아 한번에 배분할 수 있는지 여부가 불투명한 것입니다.

만약 임대료가 상속재산분할 대상이 안된다면, 상속재산분할심판 이후 별도의 민사소송을 제기해야 할 수도 있습니다.

예를 들어 위의 사례와 같은 경우 상속분할이 완료되기 전까지 A가 건물을 점유하고 임대료를 수취하였다면, 상속재산분할결정 후 B와 C는 A를 상대로 각 400만 원의 부당이득반환을 청구하는 소송을 다시 제기하여야 합니다.

그러므로 상속재산분할심판 제기시 건물에서 발생한 임대료도 분할 대상에 포함시켜 줄 것을 재판부에 요청하여 분쟁을 1회에 끝내는 것이 바람직할 것입니다.

친권자의 미성년자녀에 대한 상속포기, 한정승인과 특별대리인 선임
이해상반행위와 특별대리인 선임

1. 이해상반행위란

'친권자와 자녀 사이에 친권자가 행사하는 행위의 성질상 이해가 대립할 우려가 있는 행위'를 말하며, 민법은 이러한 경우를 막기 위해 친권자와 자녀들 간의 '이해상반행위'에 대하여 특별대리인을 선임하도록 규정하고 있습니다.

> **제921조(친권자와 그 자간 또는 수인의 자간의 이해상반행위)**
>
> ① 법정대리인인 친권자와 그 자 사이에 이해상반되는 행위를 함에는 친권자는 법원에 그 자의 특별대리인의 선임을 청구하여야 한다.

판례는 공동상속인인 친권자와 미성년자 사이의 상속재산분할협의는 친권자의 의도나 그 행위의 결과 실제로 이해의 대립이 생겼는가의 여부는 묻지 아니하고 이해상반행위로 보고 있으며 이에 따라 친권자는 법원에 미성년자의 특별대리인 선임을 청구하여야 합니다.

그렇다면 친권자가 특별대리인 없이 미성년자녀의 상속포기나 한정승인 신청을 할 수 있을까요?

공동상속인인 친권자가 자신과 미성년자녀의 한정승인 및 상속포기를 신고하려고 할 때에는 다음과 같은 4가지 경우가 생길 수 있습니다.

	친권자	미성년자녀
1	한정승인	상속포기
2	상속포기	한정승인
3	한정승인	한정승인
4	상속포기	상속포기

판례는 형식적 판단설에 의해 상속포기를 한정승인에 비해 불리한 행위로 보고 있습니다.

이러한 판단은 상속재산보다 상속채무가 더 많아서 실질적으로는 미성년자녀가 상속포기를 하는 것이 더 유리한 경우라고 해도 마찬가지입니다.

그러므로 1의 경우처럼 친권자가 한정승인을 하고 미성년자녀가 상속포기를 하는 경우에는 이해상반행위가 되며, 친권자는 특별대리인을 선임하여 상속포기를 청구하여야 합니다.

반대로 2, 3, 4의 경우에는 미성년자녀가 더 유리하거나 최소한 같은

행위를 하는 것이므로 이해상반행위가 아니며 따라서 친권자가 미성년자녀를 대리하여 한정승인이나 상속포기를 신청할 수 있습니다.

한정승인 및 상속포기에서
'상속개시있음을 안 날'의 의미
한정승인 및 상속포기 신고기간

피상속인의 채무가 적극재산보다 많을 때 상속받을 적극재산의 범위 내에서 채무를 변제하는 조건으로 상속을 받는 한정승인이나, 상속인으로서의 자격을 포기하는 상속포기는 모두 상속개시있음을 안 날로부터 3개월 내에 법원에 신고하여야 합니다.

> **민법 제1019조(승인, 포기의 기간)**
>
> ① 상속인은 상속개시있음을 안 날로부터 3월 내에 단순승인이나 한정승인 또는 포기를 할 수 있다. 그러나 그 기간은 이해관계인 또는 검사의 청구에 의하여 가정법원이 이를 연장할 수 있다.

1. '상속개시있음을 안 날'은 구체적으로 언제를 말하는 것일까요?

상속개시 있음을 안 날이라 함은, 상속개시의 원인되는 사실의 발생을 알게 됨으로써 자기가 상속인이 되었음을 안 날을 말하는 것입니다.

즉 특별한 사정이 없는 한 피상속인의 사망일이 상속개시있음을 안 날이 됩니다.

그러므로 상속인들이 피상속인의 사망 당시 적극재산이나 채무의 존재에 대해서 전혀 몰랐거나, 상속포기 제도를 몰랐다 하더라도, 상속포기나 한정승인의 신청기간은 사망일로부터 진행되는 것입니다.

2. 피상속인의 사망 사실을 몰랐을 경우에는 어떻게 하죠?

상속인이 피상속인과 왕래 없이 멀리 떨어져 살았거나, 외국에서 살아서 피상속인의 사망사실을 몰랐을 경우에는, 상속인이 피상속인의 사망사실을 알게 된 때로부터 3개월 내에 상속포기나 한정승인을 할 수 있습니다.

또한 피상속인의 사망사실을 알고 있다 하더라도 자신이 상속인이 되었음을 몰랐을 경우, 예를 들어 선순위 상속인이 상속포기를 하여 자신이 상속인이 된 경우에는, 선순위 상속인의 상속포기가 수리되어 자신이 상속인이 되었음을 안 날로부터 3개월 내에 상속포기나 한정승인을 할 수 있습니다.

참고로 위와 같은 경우 후순위 상속인은 피상속인이 사망하여 상속이 개시된 이후에는 '상속포기의 신고에 관한 대법원 예규 제3조'에 따라 선순위 상속인이 상속포기 하는 것을 기다리지 않고 먼저 상속포기의 신고를 할 수도 있습니다.

> **상속포기의 신고에 관한 대법원 예규 제3조 (후순위 상속인의 상속포기신고)**
>
> 피상속인의 상속인이 될 자격이 있는 사람(배우자, 직계비속, 직계존속, 형제자매, 4촌 이내 방계혈족)은 상속이 개시된 이후에는 선순위 상속인이 상속포기신고를 하지 아니한 경우라도 선순위 상속인보다 먼저 또는 선순위 상속인과 동시에 상속포기의 신고를 할 수 있다.

이혼소송 중 사망한 경우 위자료청구권이 상속되는지 여부

이혼 및 위자료청구소송 도중 부부 중 일방이 사망하면 그 상속인은 상대방에게 위자료청구를 계속할 수 있을까요?

부부가 이혼을 할 때에는 과실 있는 상대방에 대하여 위자료를 청구할 수 있습니다.

> **민법 제806조 (약혼해제와 손해배상청구권)**
>
> ① 약혼을 해제한 때에는 당사자일방은 과실 있는 상대방에 대하여 이로 인한 손해의 배상을 청구할 수 있다.
> ② 전항의 경우에는 재산상 손해 외에 정신상 고통에 대하여도 손해배상의 책임이 있다.
> ③ 정신상 고통에 대한 배상청구권은 양도 또는 승계하지 못한다. 그러나 당사자 간에 이미 그 배상에 관한 계약이 성립되거나 소를 제기한 후에는 그러하지 아니하다.
>
> **민법 제843조 (준용규정)**
>
> 제806조, 제837조, 제837조의2 및 제839조의2의 규정은 재판상 이혼의 경우에 준용한다.

그런데 이혼 및 위자료청구소송 도중 부부 중 일방이 사망하면 그 상속인은 상대방에게 위자료청구를 계속할 수 있을까요?

　A는 혼인 생활 중 여러차례 자신을 폭행한 남편인 B를 상대로 이혼 및 위자료청구 소송을 진행하여 1심에서 승소하였는데, 항소심을 진행하던 도중 사망하였습니다.

　이에 A의 어머니인 C가 상속인인 자신이 딸인 A의 이혼소송을 계속하여 진행할 수 있도록 해달라며 재판부에 소송절차수계신청(사망한 사람의 상속인들이 그 소송절차를 승계하는 것)을 하였습니다.

1. 항소심 재판부의 판단

　항소심 재판부는 "이혼청구소송 부분에 대하여는 재판상 이혼청구권이 일신전속적인 권리로서 이혼소송의 계속 중 부부의 어느 일방이 사망한 때에 그 소송은 종료되며, 위자료청구권 역시 그 성질상 상속의 대상이 될 수 없는 일신전속적 권리이므로 당사자가 사망하면, 상속 또는 수계가 되지 아니하고 소송이 종료된다고 봄이 상당하다"며 소송수계신청이 부적법하다고 판시하였습니다.

2. 대법원의 판단

　C는 재판부의 판결을 받아들이지 못하여 대법원에 항소하였는데 대

법원은 항소심 재판부와 다른 결론을 내렸습니다. 이혼소송 중 사망한 경우 위자료청구권이 상속이 된다는 결론을 내린 것입니다.

> **대법원 1993. 5. 27., 선고, 92므143, 판결**
>
> 이혼위자료청구권은 상대방인 배우자의
> 유책불법한 행위에 의하여 그 혼인관계가
> 파탄상태에 이르러 부득이 이혼을 하게 된 경우에
> 그로 인하여 입게 된 정신적 고통을 위자하기 위한
> 손해배상청구권으로서,
> 이는 이혼의 시점에서 확정, 평가되는 것이며
> 이혼에 의하여 비로소 창설되는 것은 아니라 할 것이다.
>
> 그 청구권자가 위자료의 지급을 구하는
> 소송을 제기함으로써 그 청구권을 행사할 의사가
> 외부적 객관적으로 명백하게 된 이상,
> 양도나 상속 등 승계가 가능하다 할 것이다.
>
> 앞에서 본 바와 같이 수계신청인들은
> 망 소외인의 부모로서 피고와 함께
> 공동재산상속인들이므로 그들이 한 이 사건 수계신청 중
> 이혼청구사건에 관한 부분은 부적법하다 할 것이나,
> 이혼위자료청구사건에 관한 부분은
> 그들의 상속분 범위 내에서 적법하다 할 것이다.

이는 이혼소송 중 한쪽이 사망하면 이혼재산분할청구권이 상속되지 않는 것과 대비되는 결론입니다.

모자관계에서의 인지와 피인지자의 청구권
모자관계에서의 피인지자의 권리

1. 인지(認知)란?

인지(認知)란 혼인 외에 출생한 자녀를 그 생부 또는 생모가 자기의 자녀로 인정하는 것을 말합니다.

> **민법 제855조(인지)**
>
> ① 혼인 외의 출생자는 그 생부나 생모가 이를 인지할 수 있다. 부모의 혼인이 무효인 때에는 출생자는 혼인 외의 출생자로 본다.
> ② 혼인 외의 출생자는 그 부모가 혼인한 때에는 그때로부터 혼인 중의 출생자로 본다.

그런데 생부에 의한 인지와 생모에 의한 인지는 조금 다른 측면이 있습니다. 혼인 외에 출생한 자녀와 부모의 관계에 있어서 생부와 달리 생모는 출생에 의해서 바로 모자관계가 성립하므로 통상적으로 인지가 별 의미가 없고 확인적인 의미만 가질 뿐입니다.

그럼 부자관계의 인지와 다른 모자관계의 인지가 상속에 있어서는 어떤 영향을 미칠까요?

2. 피인지자의 가액지급청구권

민법 1014조는 상속개시 이후 인지로 인하여 공동상속인이 된 자가 재산분할을 청구하였을 때, 다른 상속인들이 이미 재산을 처분하였다면 청구자의 상속분에 해당하는 금액을 청구할 수 있게 하고 있습니다.

즉 인지로 인하여 상속인이 된 자는 상속재산이 이미 매각되었을 경우, 그 매매거래 자체를 취소시켜 원래 상속재산을 받을 수 있는 게 아니라 그 가액에 해당하는 금액만 청구할 수 있는 것입니다. 매수인의 신뢰를 보호하기 위해서죠.

민법 제860조도 인지의 효력은 소급하여 발생하지만 제3자의 권리를 방해하지는 못한다고 규정되어 있습니다.

> **민법 제1014조(분할후의 피인지자 등의 청구권)**
>
> 상속개시후의 인지 또는 재판의 확정에 의하여 공동상속인이 된 자가 상속재산의 분할을 청구할 경우에 다른 공동상속인이 이미 분할 기타 처분을 한 때에는 그 상속분에 상당한 가액의 지급을 청구할 권리가 있다.

> **민법 제860조(인지의 소급효)**
>
> 인지는 그 자의 출생시에 소급하여 효력이 생긴다. 그러나 제삼자의 취득한 권리를 해하지 못한다.

3. 모자관계에서의 피인지자의 권리

그런데 모자관계에서의 인지의 성격 때문에 여기서 다른 결론이 나옵니다. 법원은 상속인이 이미 상속재산인 부동산을 제3자에게 매각하여 소유권이전등기가 마쳐진 후 피상속인인 생모와의 친자관계가 밝혀진 원고들이 제3자를 상대로 자신들의 지분에 대한 소유권이전등기말소를 구한 청구에서, 그 매매계약의 효력을 부인하였습니다. 즉 민법 제860조의 단서조항(제3자의 취득한 권리를 해하지 못한다)은 모자관계의 인지에 있어서는 적용이 되지 않는다는 것입니다.

> **대법원 2018. 6. 19. 선고 2018다1049 판결**
>
> 혼인 외의 출생자와 생모 사이에는 생모의 인지나 출생신고를 기다리지 아니하고 자의 출생으로 당연히 법률상의 친자관계가 생기고, 가족관계등록부의 기재나 법원의 친생자관계존재확인판결이 있어야만 이를 인정할 수 있는 것이 아니다.
> 따라서 인지를 요하지 아니하는 모자관계에는 인지의 소급효 제한에 관한 민법 제860조 단서가 적용 또는 유추적용되지 아니하며, 상속개시 후의 인지 또는 재판의 확정에 의하여 공동상속인이 된 자의 가액지급청구권을 규정한 민법 제1014조를 근거로 자가 모의 다른 공동상속인이 한 상속재산에 대한 분할 또는 처

> 분의 효력을 부인하지 못한다고 볼 수도 없다.
> 이는 비록 다른 공동상속인이 이미 상속재산을 분할 또는 처분한 이후에 모자관계가 친생자관계존재확인판결의 확정 등으로 비로소 명백히 밝혀졌다 하더라도 마찬가지이다.

결론적으로 피상속인이 생부였을 경우 뒤늦게 인지나 친생자관계존재확인을 통하여 상속인이 되었을 경우에는 상속재산이 이미 처분되면 그 상속분에 해당하는 가액만을 돌려받을 수 있게 되나, 피상속인이 생모였을 경우에는 원물을 돌려 받을 수 있게 되는 것입니다.

이혼소송 중인 배우자에게 상속권이 인정되는지 여부
부부가 이혼소송 도중 남편이 사망하면 부인은 상속인이 될 수 있을까요?

상속은 피상속인이 사망한 순간부터 개시됩니다. 따라서 피상속인이 사망했을 당시 피상속인과 어떤 관계였는지에 따라 상속인인지 아닌지가 결정됩니다.

재판상의 이혼청구권은 부부의 일신전속의 권리(권리의 특성상 특정 주체만이 향유할 수 있는 권리)이므로, 이혼소송 계속 중 배우자의 일방이 사망한 때에는 이혼소송은 종료됩니다.

따라서 이혼 소송을 진행중이었다 하더라도 남편이 사망함과 동시에 소송은 종료되므로 이혼 소송의 선고가 확정될 수 없고, 그에 따라 이혼신고도 할 수 없어 양자의 혼인관계의 해소가 이루어지지 않기 때문에 부인은 남편의 법적인 배우자로서 상속인이 될 수 있습니다.

피상속인의 사망 당시 양자가 별거 중 이었거나 이혼소송을 진행하고 있었다 하더라도 하등 상관이 없습니다.

부산지방법원 2014. 6. 12. 선고 2014가합2306 판결

재판상 이혼청구권은 부부의 일신전속의 권리이므로 이혼소송계속 중 배우자의 일방이 사망한 경우에는 상속인이 그 소송절차를 수계할 수 없음은 물론이고, 또 그러한 경우에 검사가 이를 수계할 수 있는 특별한 규정도 없으므로, 피고와 망인 사이의 이혼청구소송은 피고의 소취하여부 또는 위자료 청구에 관한 소취하의 효력 유무와 상관없이 망인의 사망과 동시에 종료하였다고 해석함이 상당하다.

망인이 사망하지 않았다면 피고는 망인과 혼인관계를 유지할 의사가 없었다는 사정만으로는 피고가 망인의 사망으로 인한 상속권을 주장하는 것이 신의성실의 원칙이나 금반언의 원칙에 반한다고 보이지 아니하므로 원고의 이 부분 주장 역시 이유 없다.

상속분의 양도가 유류분반환청구의 대상이 되는지 여부

상속분의 양도란?

상속분의 양도란 상속재산분할 전에 공동상속인이 자신의 상속분을 타인에게 양도하는 것을 말합니다. 상속분을 양도하게 되면 적극재산뿐만 아니라 소극재산(채무)까지 이전되게 됩니다.

즉 상속분의 양도란, '적극재산과 소극재산을 모두 포함한 상속재산 전부에 관하여 공동상속인이 가지는 포괄적 상속분, 즉 상속인 지위의 양도를 의미'하므로, 상속재산을 구성하는 개개의 물건 또는 권리에 대한 개개의 물권적 양도는 상속분의 양도라 하지 않습니다.

상속인 중 1인이 다른 상속인에게 무상으로 상속분을 양도한 경우 이를 유류분반환청구에 있어서 특별수익으로 볼 수 있을까요?

예를 들어 피상속인 A가 사망하면서 배우자인 B, 자녀 C, D, E가 상속인이 되었는데, B가 장남인 C에게 자신의 상속분을 양도하여 C가 5/9(B의 상속분 3/9 + C의 상속분 2/9), D,E가 각각 2/9씩 상속받게 되었다 할 때, 추후 B가 별다른 재산 없이 사망한다면, D, E는 B의 상속분이었던 3/9부분이 C의 특별수익임을 이유로 하여 C를 상대로 유류분소송을 제기할 수 있을까요?

이에 대해서 판례는 공동상속인이 다른 공동상속인에게 무상으로 자신의 상속분을 양도하는 것을 민법 제1008조의 증여로 보아 이를 긍정하였습니다.

> **대법원 2021. 7. 15. 선고 2016다210498 판결**
>
> 공동상속인이 다른 공동상속인에게 무상으로 자신의 상속분을 양도하는 것은 특별한 사정이 없는 한, 유류분에 관한 민법 제1008조의 증여에 해당하므로, 그 상속분은 양도인의 사망으로 인한 상속에서 유류분 산정을 위한 기초재산에 산입된다고 보아야 한다.

그렇다면 상속분의 양도가 아닌 상속재산분할협의를 통해 합의했을 때는 어떨까요?

예를 들어 B, C, D, E가 상속재산분할협의를 통해 B가 0, C가 5/9, D, E가 각각 2/9씩 상속받는다면 다른 결론이 나올까요? 판례는 이러한 경우에도, 상속분의 양도와 마찬가지로 C가 무상으로 얻은 상속분을 특별수익으로 보았습니다.

대법원 2021. 8. 19. 선고 2017다230338 판결

공동상속인 사이에 이루어진 상속재산 분할협의의 내용이 어느 공동상속인만 상속재산을 전부 취득하고 다른 공동상속인은 상속재산을 전혀 취득하지 않는 것이라면, 상속재산을 전혀 취득하지 못한 공동상속인은 원래 가지고 있었던 구체적 상속분에 해당하는 재산적 이익을 취득하지 못하고, 상속재산을 전부 취득한 공동상속인은 원래 가지고 있었던 구체적 상속분을 넘는 재산적 이익을 취득하게 된다. 이러한 결과는 실질적인 관점에서 볼 때 공동상속인의 합의에 따라 상속분을 무상으로 양도한 것과 마찬가지이다.

위와 같은 법리는, 상속재산 분할협의의 실질적 내용이 어느 공동상속인이 다른 공동상속인에게 자신의 상속분을 무상으로 양도하는 것과 같은 때에도 마찬가지로 적용된다. 따라서 상속재산 분할협의에 따라 무상으로 양도된 것으로 볼 수 있는 상속분은 양도인의 사망으로 인한 상속에서 유류분 산정을 위한 기초재산에 포함된다고 보아야 한다.

이혼재산분할청구권도 상속이 되는지 여부
부부 중 일방이 사망하면 그 상속인이 상대방에게 재산분할청구를 할 수 있을까요?

부부가 이혼을 하면 일방은 민법 제839조의2에 의하여 상대방에게 재산분할을 청구할 수 있습니다. 그렇다면 부부 중 일방이 사망하면 그 상속인이 상대방에게 재산분할청구를 할 수 있을까요?

이에 대해서는 몇 가지 경우로 나누어 보아야 합니다.

1. 이혼소송 중 한쪽이 사망한 경우

이러한 경우에는 이혼소송이 종료되기 때문에 이혼을 전제로 하는 재산분할청구 역시 그 이익이 상실됩니다. 즉 이혼재산분할청구권은 상속되지 않는 것입니다.

> **대법원 1994. 10. 28. 선고 94므246 판결**
>
> 이혼소송과 재산분할청구가 병합된 경우, 배우자 일방이 사망하면 이혼의 성립을 전제로 하여 이혼소송에 부대한 재산분할청구 역시 이를 유지할 이익이 상실되어

> 이혼소송의 종료와 동시에 종료된다.

위와 같은 경우 굉장히 억울한 경우가 생길 수 있는데 1심에서 부인이 남편을 상대로 이혼과 재산분할청구를 하여 거액의 재산분할 판결을 받았다 하더라도, 남편이 항소를 하여 항소심 계속 중에 부인이 사망하였다면 소송절차는 종료되고 재산분할도 사라지게 되는 것입니다.

2. 이미 이혼소송 및 협의를 통해 이혼이 확정된 후 재산분할소송을 진행하다가 일방이 사망한 경우

이러한 경우에는 이혼이 확정되기 전의 재산분할청구와 다르게 소송이 종료되지 않고 그 상속인들이 소송을 수계하여 소송을 계속 진행할 수 있습니다. 즉 재산분할청구권이 상속되는 것입니다.

> **대법원 2009. 2. 9.자 2008스105 결정**
>
> 사실혼관계의 당사자 중 일방이 의식불명이 된 상태에서 상대방이 사실혼관계의 해소를 주장하면서 재산분할심판청구를 한 사안에서, 위 사실혼관계는 상대방의 의사에 의하여 해소되었고 그에 따라 재산분할청구권이 인정된다.
>
> → 주의 : 사실혼관계는 일방의 통보로 해소할 수 있기 때문에 이 경우 이미 혼인관계가 해소됨을 전제로 재산분할 청구를 한 것입니다.

3. 부부간에 이혼은 확정되었으나 아직 재산분할청구권을 행사하지 않은 상태에서 일방이 사망하는 경우

이러한 경우에 대한 대법원 판례는 아직 없는 것으로 보입니다.

다만 하급심 판결 중에는 재산분할을 청구하려는 일방이 사망한 경우 그 상속인은 다른 상속인을 상대로 재산분할청구권을 행사할 수는 없지만, 반대로 살아 있는 일방이 사망한 상대방의 상속인을 상대로 재산분할청구권을 행사할 수는 있다는 판시를 한 적이 있습니다.

> **서울가정법원 2010. 7. 13.자 2009느합289 심판**
>
> 이혼 확정 후 어느 일방이 사망하였더라도 다른 일방은 사망한 자의 상속인들을 상대로 재산분할을 청구할 수 있다고 봄이 상당하고, 이와 반대의 경우 즉 사망한 일방의 상속인들은 피상속인이 재산분할청구권을 행사하지 않은 채 사망하였다면, 상속인들은 피상속인의 재산분할청구권을 행사할 수 없다고 봄이 타당하다.

상속재산이 처분되었을 경우 상속재산분할의 대상이 되는지 여부

상속이 개시된 후 상속재산을 구성하고 있던 재산이 처분되거나 멸실되면 어떻게 될까요?

상속이 개시된 후 상속재산을 구성하고 있던 재산이 처분되거나 멸실되면 어떻게 될까요?

예를 들어 공동상속인 중 1인이 단독으로 법정상속지분에 따른 등기를 한 후, 제3자에게 매각한 경우 제3자의 권리는 보호되기 때문에 되찾아 올 수 없게 됩니다.

판례는 이런 경우 이미 처분되어 사라진 재산은 상속재산분할의 대상이 될 수 없다는 입장입니다.

다만 그 처분의 대가로 얻게 된 대상재산(代償財産)이 상속재산분할의 대상이 될 수는 있습니다. 위의 사례의 경우에는 부동산을 매각한 매도대금이 상속재산분할의 대상이 될 것입니다.

대법원 2016. 5. 4.자 2014스122 결정

상속개시 당시에는 상속재산을 구성하던 재산이 그 후 처분되거나 멸실·훼손되는 등으로 상속재산분할 당시 상속재산을 구성하지 아니하게 되었다면 그 재산은 상속재산분할의 대상이 될 수 없다.

다만 상속인이 그 대가로 처분대금, 보험금, 보상금 등 대상재산(代償財産)을 취득하게 된 경우에는, 대상재산은 종래의 상속재산이 동일성을 유지하면서 형태가 변경된 것에 불과할 뿐만 아니라 상속재산분할의 본질이 상속재산이 가지는 경제적 가치를 포괄적·종합적으로 파악하여 공동상속인에게 공평하고 합리적으로 배분하는 데에 있는 점에 비추어, 그 대상재산이 상속재산분할의 대상으로 될 수 있다.

미성년자상속인의 특별한정승인 제척기간 기산점

상속인이 미성년자등의 제한능력자일 경우에는 누구를 기준으로 '상속개시있음을 안 날'이나, '상속채무가 상속재산을 초과한다는 사실을 안 날'을 인정해야 할까요?

피상속인의 채무가 적극재산보다 많을 때에는 상속받을 적극재산의 범위 내에서 채무를 변제하는 조건으로 상속을 받는 한정승인이나 상속인으로서의 자격을 포기하는 상속포기는 모두 상속개시있음을 안 날로부터 3개월 내에 법원에 신고하여야 합니다.

피상속인이 사망한 지 3개월이 지났다 하더라도 상속인이 상속채무가 상속재산을 초과한다는 사실을 중대한 과실 없이 알지 못하였을 때에는 그 사실을 안 날로부터 3개월 내에 한정승인을 신청할 수 있습니다(특별한정승인).

그런데 상속인이 미성년자등의 제한능력자일 경우에는 누구를 기준으로 '상속개시있음을 안 날'이나, '상속채무가 상속재산을 초과한다는 사실을 안 날'을 인정해야 할까요?

민법 제1020조는 상속포기나 한정승인의 경우 미성년자인 상속인의 친권자 등이 상속이 개시된 것을 안 날을 기준으로 삼고 있습니다.

> **제1020조(제한능력자의 승인·포기의 기간)**
> 상속인이 제한능력자인 경우에는 제1019조제1항의 기간은 그의 친권자 또는 후견인이 상속이 개시된 것을 안 날부터 기산(起算)한다.

그런데 여기서 문제는 민법 제1020조는 상속포기 및 한정승인의 경우에만 제한능력자의 기산점을 규정하고 있고, 특별한정승인의 경우에는 따로 정해진 규정이 없다는 것입니다.

이러한 문제 때문에 미성년자의 특별한정승인의 제척기간의 기산점을 다툰 사례가 있습니다.

이 사례의 경우 피상속인이 사망할 당시 상속인으로 배우자 A와 미성년자인 아들 B가 있었습니다.

피상속인이 사망하자 피상속인의 채권자였던 C가 상속인들을 상대로 소송을 제기하였는데 피상속인의 배우자는 특별한정승인을 신청하지 않고 그대로 두었고 A는 소송에서 승소하였습니다.

이후 C가 성인이 된 B를 상대로 채권추심을 하자, B는 추심명령을 받은 지 3개월 내에 법원에 특별한정승인 신청을 하고 청구이의의소를 제기하였습니다. 법정대리인이 아닌 상속인 본인이 성년에 이른 다음 스스로 상속채무가 상속재산을 초과한다는 사실을 알게 된 날로부터 3개월 내에 특별한정승인을 할 수 있다는 주장이었지요. 그러나 법원은 B의 주장을 인정하지 않았습니다.

> **대법원 2020. 11. 19. 선고 2019다232918 전원합의체 판결**
>
> 민법 제1019조 제1항, 제3항의 각 기간은 상속에 관한 법률관계를 조기에 안정시켜 법적 불안 상태를 막기 위한 제척기간인 점,
> 미성년자를 보호하기 위해 마련된 법정대리인 제도와 민법 제1020조의 내용 및 취지 등을 종합하면, 상속인이 미성년인 경우 민법 제1019조 제3항이나 그 소급적용에 관한 민법 부칙 제3항, 제4항에서 정한 '상속채무 초과사실을 중대한 과실 없이 제1019조 제1항의 기간 내에 알지 못하였는지'와 '상속채무 초과사실을 안 날이 언제인지'를 판단할 때에는 법정대리인의 인식을 기준으로 삼아야 한다.

즉 민법 제1019조 제3항(특별한정승인)의 경우에도 민법 제1020조가 유추적용되어야 하므로, 사례의 경우 C가 A와 B를 상대로 소를 제기하였을 당시 미성년자인 B도 상속채무가 상속재산을 초과한다는 사실을 알게 되었다고 봄이 타당하다는 판단입니다.

이러한 결론은 당시 미성년자였던 상속인에게는 다소 억울한 측면이 있는 것이 사실입니다.

참고로 위 대법원 판결에서 반대의견(소수의견-주문에 영향을 미치

지 못함)은,

"상속인이 미성년인 동안 그의 법정대리인이 상속채무 초과사실을 알고도 3월 동안 상속인을 대리하여 특별한정승인을 하지 않은 경우 상속인이 성년에 이르러 상속채무 초과사실을 알게 된 날부터 3월 내에 스스로 특별한정승인을 할 수 있다고 보아야 한다. 이는 합헌적 법률해석의 원칙 및 특별한정승인 제도의 입법 경위, 미성년자보호를 위한 법정대리인 제도, 상속인의 자기책임 원칙 등을 고려하여 법규정을 해석한 결과로서 문언의 통상적인 의미에 충실하게 해석하여야 한다는 원칙에 부합할뿐더러, 상속채권자와의 이익 형량이나 법적 안정성 측면에서도 타당하다"라고 하였습니다.

상속재산의 처분과 특별한정승인

피상속인이 사망한 지 3개월이 지났는데 피상속인에게 돈을 빌려준 적이 있다는 사람이 나타나서 상속인들을 상대로 소송을 제기한다면 어떻게 해야 할까요?

피상속인의 채무가 적극재산보다 많을 때에는 상속받을 적극재산의 범위 내에서 채무를 변제하는 조건으로 상속을 받는 '한정승인'이나 상속인으로서의 자격을 포기하는 '상속포기'를 하는 것이 좋습니다.

한정승인을 할 때에는 상속개시가 있음을 안 날로부터 3개월 이내에 상속재산의 목록을 첨부하여 상속개시지의 가정법원에 한정승인의 신고를 해야 하며, 상속을 포기할 때에는 상속개시 있음을 안 날로부터 3개월 이내에 상속개시지의 가정법원에 포기의 신고를 하여야 합니다.

민법 제1019조 제1항은 한정승인이나 상속포기를 상속개시 있음을 안 날로부터 3월내에 할 수 있다고 규정하고 있고, 제1026조 제2호는 민법 제1019조 제1항의 기간 내에 한정승인 또는 포기를 하지 아니한 때 상속인이 단순승인을 한 것으로 의제하기 때문입니다.

그런데 만약 피상속인이 사망한 지 3개월이 지났는데 갑자기 피상속인에게 돈을 빌려준 적이 있다는 사람이 나타나서 상속인들을 상대로 소송을 제기한다면 어떻게 해야 할까요? 상속개시 있음을 안 날로부터 3개월이 지났으므로 상속포기나 한정승인을 할 수 없어 고인의 채무를 그대로 떠안아야 할까요?

민법은 이러한 경우를 대비해서 특별한정승인이라는 제도를 만들어 놓았습니다. 특별한정승인이란 상속인이 상속채무가 상속재산을 초과한다는 사실을 중대한 과실 없이 알지 못하였을 때, 그 사실을 안 날로부터 3개월 내에 한정승인을 신청할 수 있는 제도입니다.

> **민법 제1019조(승인, 포기의 기간)**
>
> ① 상속인은 상속개시있음을 안 날로부터 3월내에 단순승인이나 한정승인 또는 포기를 할 수 있다. 그러나 그 기간은 이해관계인 또는 검사의 청구에 의하여 가정법원이 이를 연장할 수 있다.
> ② 상속인은 제1항의 승인 또는 포기를 하기 전에 상속재산을 조사할 수 있다.
> ③ 제1항의 규정에 불구하고 상속인은 상속채무가 상속재산을 초과하는 사실을 중대한 과실없이 제1항의 기간내에 알지 못하고 단순승인(제1026조제1호 및 제2호의 규정에 의하여 단순승인한 것으로 보는 경우를 포함한다)을 한 경우에는 그 사실을 안 날부터 3월내에 한정승인을 할 수 있다.

여기서 '중대한 과실'이란 '조금만 주의를 기울였다면 채무가 재산을 넘어선다는 사실을 알 수 있었으나 이를 게을리하여 알지 못한 것'을 의미하는 것이므로, 만약 상속인이 쉽게 그 채무의 존재를 알 수도 있었던 상황이라면 특별한정승인 신청이 받아들여지지 않을 수도 있습니다.

　위 사례와 같이 고인의 금전채무 같은 것은 일반적으로 특별히 채권자가 상속인들에게 독촉을 하지 않는다면 상속인으로서는 알 방법이 없으므로 '중대한 과실' 없이 알지 못하는 경우라 할 수 있겠습니다.

　그러므로 이러한 경우 채권자의 소장이 상속인들에게 도달한 날을 상속인이 상속채무가 상속재산을 초과한다는 사실을 안 날이라고 보아야 하며, 상속인들은 그 날로부터 3개월 내에 법원에 한정승인을 신청하면 될 것입니다.

　그런데 만약 상속인들이 상속채무가 상속재산을 초과한다는 사실을 알지 못하여 상속재산분할협의를 하고 상속재산을 처분한 경우에도 특별한정승인 신청을 할 수 있을까요?

　민법 제1019조 제3항이 '제1026조제1호 및 제2호의 규정에 의하여 단순승인한 것으로 보는 경우'에도 특별한정승인은 할 수 있다고 규정하고 있으므로 물론 가능합니다. 단 이러한 경우 한정승인신청을 할 때 기존에 처분한 상속재산도 목록에 기재하여 제출하여야 할 것입니다.

상속인이 보험금이나 퇴직금을 수령하여도 상속포기, 한정승인을 할 수 있는지 여부
피상속인의 보험금이나 퇴직금을 수령하는 경우는 어떨까요?

이전 시간에는 상속포기나 한정승인 전에 상속재산을 처분해 버리는 경우 단순승인으로 의제되어 상속포기나 한정승인을 할 수 없고 채무를 포함한 상속재산 전부를 상속받아야 된다는 이야기를 하였습니다.

그렇다면 피상속인의 보험금이나 퇴직금을 수령하는 경우는 어떨까요?

우선 보험금의 경우 '보험수익자'가 누구인가 중요합니다. 만약 피상속인이 보험을 가입할 때, 피상속인이 사망하면 사망보험금을 상속인이 수령하도록 지정하여 놓았다면 상속인에게는 보험계약에 따라 보험금 지급을 청구할 수 있는 권리가 생기는 것이며 그렇기 때문에 보험금은 상속재산이 아니라 상속인의 고유재산이 되는 것입니다.

> **대법원 2004. 7. 9. 선고 2003다29463 판결**
>
> 보험계약자가 피보험자의 상속인을 보험수익자로 하여 맺은 생명보험계약에 있어서 피보험자의 상속인은 피보험자의 사망이라는 보험사고가 발생한 때에는 보험수익자의 지위에서 보험자에 대하여 보험금 지급을 청구할 수 있고, 이 권리는 보험계약의 효력으로 당연히 생기는 것으로서 상속재산이 아니라 상속인의 고유재산이라고 할 것이다.

따라서 이러한 경우 상속인은 보험금을 수령하더라도 상속포기나 한정승인을 할 수 있게 됩니다. 참고로 사망보험의 경우 수익자를 별도로 지정하지 않으면 피보험자의 법정상속인을 수령인으로 봅니다.

반대로 보험계약자가 생전에 수령하지 않은 암진단비, 수술비, 보험해약환급금 등은 계약자에게 지급되는 보험금으로 상속재산으로 분류되기 때문에 이러한 보험금을 상속인이 수령하게 된다면 단순승인으로 의제되므로 주의를 요합니다.

퇴직금의 경우에는 어떨까요? 피상속인이 사망전에 퇴직한 경우 그 퇴직금은 당연히 상속재산일 것이나 피상속인의 사망으로 인하여 당연 퇴직으로 발생한 퇴직금은 상속재산인지 아닌지가 문제됩니다.

우선 공무원연금법상의 유족급여 및 군인연금법상의 유족급여는 유족이 법률에 따라 직접 수급권자가 되므로 상속재산이 아닙니다. 피상속인이 공무원이 아닌 사기업에서 근무하였다 하더라도 단체협약이나 취업규칙 등에서 근로자가 사망한 경우 퇴직금의 수급권자를 유족으로 정해 놓은 경우에는 역시 상속재산이 아니라고 볼 것입니다.

문제는 수급권자가 전혀 정해져 있지 않은 경우의 퇴직금입니다. 이에 대해서는 명확한 대법원 판례가 없으나 퇴직금은 근로자가 상당기간을 근속하고 퇴직하는 경우 기왕의 근로에 대한 공로로써 지급하는 보수이므로 사망한 근로자의 소유에 속하며 따라서 퇴직금은 상속재산으로 보아야 하지 않을까 싶습니다.

그런데 최근 하급심 판결이긴 하나 '퇴직금 등의 1/2에 해당하는 금액은 상속재산에 해당하지 않는다'는 판결이 나왔습니다.

> **울산지방법원 2018. 3. 29. 선고 2017가단16791 판결**
>
> 퇴직금 등의 1/2에 해당하는 금액은 민사집행법 제246조 제1항 제4호, 제5호에 의하여 압류가 금지되는 재산이며, 갑의 퇴직연금은 전액이 근로자퇴직급여 보장법 제7조 제1항의 취지상 압류가 금지되는 재산인바,
> 이와 같이 법률상 압류가 금지되는 재산은 채권자를 위한 책임재산에서 제외되는 점 등에 비추어, 위 수령 행위는 민법 제1026조 제1호가 상속의 단순승인 간주사유로 정한 '상속재산에 대한 처분행위'에 해당하지 않으므로, 병 등의 상속포기의 효력을 부인할 수 없다.

민사집행법 제246조 제1항 제5호는 퇴직금의 1/2에 해당하는 금액

은 압류를 금지하고 있는데, 이 말인 즉 채권자가 채무자에게 아무리 많은 채권을 가지고 있어도 채무자의 퇴직금 중 1/2에 해당하는 금액은 압류(집행)를 하지 못한다는 뜻입니다.

그렇다면 1/2 범위 내에서의 퇴직금은 채권자를 위한 책임재산에서 제외되므로 퇴직금의 1/2을 수령한다 하더라도 그 행위가 '상속재산에 대한 처분행위'에 해당하지 않는다는 것입니다. 따라서 위 판결에 따른다면 퇴직금의 1/2만을 수령하였다면 한정승인이나 상속포기가 가능하게 됩니다.

다만 위 판결은 하급심 판결이라는 점을 주의하셔야 하겠습니다.

상속재산의 처분과 단순승인 의제
법정단순승인

　상속의 단순승인이란 한정승인에 대응하는 개념으로 상속인이 상속재산의 승계를 무조건적으로 수락하는 것을 말합니다.

　즉 상속인이 채무를 포함한 피상속인의 모든 재산의 권리·의무를 제한 없이 승계할 것을 승인하는 상속인의 의사표시를 말하며 나중에 취소할 수도 없습니다.

　상속의 단순승인은 상속포기나 한정승인과 달리 특별한 신고를 요하지는 않으나 일정한 행위를 하였을 경우에는 단순승인을 한 것으로 봅니다(법정단순승인).

> 제1026조(법정단순승인) 다음 각호의 사유가 있는 경우에는 상속인이 단순승인을 한 것으로 본다.
> 1. 상속인이 상속재산에 대한 처분행위를 한 때
> 2. 상속인이 제1019조제1항의 기간 내에 한정승인 또는 포기를 하지 아니한 때

> 3. 상속인이 한정승인 또는 포기를 한 후에 상속재산을 은닉하거나 부정소비하거나 고의로 재산목록에 기입하지 아니한 때

즉 상속포기나 한정승인 전에 상속재산을 처분해 버리거나, 상속개시로부터 3개월 내에 상속포기나 한정승인을 신청하지 않거나, 한정승인이나 상속포기를 한 후 상속재산을 은닉하거나 부정소비하거나 고의로 재산목록에 기입하지 않으면, 명시적인 단순승인의 의사를 표현하지 않았다 하더라도 단순승인의 의사표시가 있는 것으로 보는 것입니다.

여기서 단순승인으로 의제되는 '상속재산의 처분'이란 재산의 현상, 성질을 변하게 하는 행위를 말하는데,

예를 들어 상속재산인 피상속인의 예금채권을 인출하여 사용한 경우, 피상속인의 자동차를 매도하여 매매대금을 수령한 경우, 피상속인의 임차보증금을 반환받은 경우 등은 재산의 처분에 해당하는 것이죠.

법원은 상속채권을 추심하여 변제받는 행위도 상속재산에 대한 처분행위로 보고 있습니다(대법원 2010. 4. 29. 선고 2009다84936 판결). 즉 상속인이 망인(피상속인)의 채권을 채무자에게 받아내는 행위도 상속재산의 처분으로 보는 것입니다.

반면 상속재산으로 합리적인 범위 내의 장례비를 지출하였거나(대법원 2003. 11. 14. 선고 2003다30968 판결), 상속인을 보험수익자로 하여 맺은 보험금을 수령하는 행위(대법원 2016. 12. 29. 선고 2013다73520 판결)는 상속재산의 처분으로 보지 않습니다(이에 대해서는 후에 다시 다루도록 하겠습니다).

원칙적으로 단순승인으로 의제되는 '상속재산에 대한 처분'은 한정승인이나 상속포기 이전에 행해진 경우에 적용되는 것으로, 한정승인이나 상속포기 이후에 재산을 처분했다는 것만으로는 단순승인으로 의제되지 않습니다. 상속의 한정승인이나 포기의 효력이 생긴 이후에는 더 이상 단순승인으로 간주할 여지가 없기 때문입니다.

그런데 여기서 간과해서는 안 될 중요한 점이 하나 있습니다. 그것은 상속포기를 법원에 신청하였다 하더라도 이를 수리하는 가정법원의 심판이 고지되기 이전에 상속재산을 처분하였다면 이는 상속포기의 효력 발생 전에 처분행위를 한 것이 되므로 단순승인으로 의제된다는 것입니다(대법원 2016. 12. 29. 선고 2013다73520 판결).

이렇게 된다면 상속포기를 신청한 상속인이라 하더라도 상속포기는 효력이 없어 피상속인의 채무까지 전부 상속받게 되므로 주의하셔야 할 것입니다.

상속개시 전 작성한 상속포기각서의 효력
유류분청구를 하지 않겠다는 약속을 한다면 그 약속이 효력이 있을까요?

이번 시간에는 상속개시 전 즉 피상속인이 생존해 있을 때 상속인 중 1인이 자신의 상속을 포기하겠다는 약속을 하거나 추후 유류분 청구를 하지 않겠다는 약속을 한다면, 그 약속이나 약속을 기재한 각서가 효력이 있는지 여부에 대해서 알아보겠습니다.

얼마 전 상담자 분이 찾아오셔서 아버지가 큰오빠한테 부동산 대부분을 증여하려고 하는데 그 대신 딸인 상담자에게는 바로 5억 원을 줄 테니 나머지 상속분에 대해서는 포기하겠다는 각서를 쓰라는 제안을 하였다고 하셨습니다.

큰오빠에게 증여할 부동산의 가치가 5억 원보다 훨씬 크기 때문에 부당하다는 생각은 들지만 당장 5억 원이라는 적지 않은 돈을 거절하기에는 나중에 어떻게 될지 불안하기도 하고 때마침 당장 돈이 필요하기도 하여 어떻게 하면 좋을지 모르겠다는 고민을 털어놓으셨습니다.

이 상황에서 상담자는 어떤 결정을 해야 할까요? 나중에 더 큰 금액을 상속받기 위해 아버지의 제안을 거절해야 할까요? 아니면 나머지 상속분이나 추후 유류분 청구를 포기하고 5억 원을 받는 결정을 해야 할까요?

정답은 '당장 5억 원이라는 돈을 받고 나머지 상속을 포기하거나 유류분을 포기한다는 각서를 쓴다'가 될 것입니다. 왜냐하면 상속포기 각서를 쓴다 하더라도 그 포기약정은 무효이므로 상속개시 후 상속재산분할심판청구나 유류분청구를 다시 할 수 있기 때문입니다.

상속의 포기나 유류분의 포기는 상속이 개시된 후 즉 피상속인이 사망한 후에 하여야 유효한 것이며, 피상속인 생전에 상속인의 자격을 스스로 포기할 수 없습니다.

또한 상속개시전에 상속포기에 대한 약정을 하였더라도 상속개시 후 자신의 상속권을 주장하는 것이 신의성실의 원칙에 위반되는 것은 아니라는 것이 판례의 태도입니다.

> **대법원 1998. 7. 24. 선고 98다9021 판결**
>
> [1] 유류분을 포함한 상속의 포기는 상속이 개시된 후 일정한 기간 내에만 가능하고 가정법원에 신고하는 등 일정한 절차와 방식을 따라야만 그 효력이 있으므로, 상속개시 전에 한 상속포기약정은 그와 같은 절차와 방식에 따르지 아니한 것으

> 로 효력이 없다.
> [2] 상속인 중의 1인이 피상속인의 생존 시에 피상속인에 대하여 상속을 포기하기로 약정하였다고 하더라도, 상속개시 후 민법이 정하는 절차와 방식에 따라 상속포기를 하지 아니한 이상, 상속개시 후에 자신의 상속권을 주장하는 것은 정당한 권리행사로서 권리남용에 해당하거나 또는 신의칙에 반하는 권리의 행사라고 할 수 없다.

따라서 위 상담자의 경우 당장 돈이 급한 경우라면, 일단 각서를 작성하고 현금 증여를 받은 후 상속이 개시되면 상황에 따라 상속재산분할심판청구나 유류분청구를 하면 될 것입니다.

유류분반환청구액의 산정 기준시기

생전 증여받은 부동산을 수증자가 상속개시 전에 매각하였거나 혹은 부동산이 수용당해 수용보상금을 지급받게 된 경우 증여가액의 평가시기를 어느 시점으로 봐야 할까요?

앞선 포스팅에서 유류분이란 피상속인의 재산처분의 자유를 제한하여 법률상 상속인 등에게 귀속되는 것이 보장된 상속재산 중의 일정비율을 말한다는 설명을 하였습니다.

피상속인이 자녀 중 1인에게 모든 재산을 상속한다는 유언을 남겼거나 피상속인 생전에 모든 재산을 자녀 중 1인에게 증여하였다 하더라도 다른 상속인들은 자신의 법정상속분의 1/2을 반환받을 수 있는 것이죠.

그리고 유류분을 구하는 공식은 아래와 같습니다.

> **유류분을 구하는 공식**
>
> ※ (상정상속재산 − 상속채무) × (법정상속분 × 유류분비율) = 유류분
> ※ {(현재 피상속인 명의로 남아 있는)상속재산 + 특별수익} = 상정상속재산

그렇다면 여기서 특별수익(생전증여재산)을 어느 시점을 기준으로 평가해야 하는지가 문제될 수 있습니다. 예를 들어 피상속인이 아들A에게 10년 전에 10억 원짜리 집을 증여하였는데 상속개시당시(피상속인사망시) 그 집이 20억 원이 되었다면, A의 특별수익액은 얼마로 산정될까요?

정답은 20억 원입니다. 즉 유류분을 계산할 때 유류분의 기초재산에 가산되는 증여재산의 평가시기는 증여 시가 아니라 상속개시시로 보아야 한다는 것이 법원의 확고한 입장입니다.

> **대법원 2009. 7. 23. 선고 2006다28126 판결**
>
> 유류분반환범위는 상속개시 당시 피상속인의 순재산과 문제된 증여재산을 합한 재산을 평가하여 그 재산액에 유류분청구권자의 유류분비율을 곱하여 얻은 유류분액을 기준으로 하는 것인바,
> 그 유류분액을 산정함에 있어 반환의무자가 증여받은 재산의 시가는 상속개시 당시를 기준으로 하여 산정하여야 한다.

참고로 생전증여가 현금일 경우 '그 증여받은 금액을 상속개시 당시의 화폐가치로 환산한 금액'을 증여재산의 가액으로 보며, 그 환산방식은 아래와 같습니다.

> 증여액 × (사망당시의 GDP디플레이터 / 증여당시의 GDP디플레이터)

그런데 만약 생전 증여받은 부동산을 수증자가 상속개시 전에 매각하였거나 혹은 부동산이 수용당해 수용보상금을 지급받게 된 경우 증여가액의 평가시기를 어느 시점으로 봐야 할까요? 예를 들어 피상속인이 아들A에게 10년 전에 10억 원짜리 집을 증여하였는데 5년 후에 15억 원에 매각하였고, 상속개시당시인 현재 그 부동산의 가치가 20억 원이라면 A의 특별수익액은 얼마로 산정되어야 할까요?

얼핏 15억 원이거나 15억 원을 상속개시 당시의 화폐가치로 환산한 금액이라고 생각할 수 있겠습니다만 결론은 20억 원입니다. 즉 피상속인 생전에 수증자가 증여재산을 처분하였다 하더라도 그 부동산이 현존하는 것으로 보아 상속개시당시의 시세로 증여재산을 평가하는 것입니다.

사실 이러한 결론은 유류분을 반환해야 하는 상속인의 입장에서는 매우 불합리하게 느껴질 수 있습니다. 부동산을 처분한 시기와 상속개시시기가 길어질수록 그 차이가 커질 수 있기 때문입니다. 예를 들어 20년 전에 증여받아 10억 원에 처분한 토지가 개발등으로 급등하여 상속개시시 100억 원이 되었다면 자신이 얻은 이익은 10억 원에 불과한데 100억 원을 받은 것으로 되기 때문이죠. 그러나 헌법재판소는 아래와 같은 이유로 이러한 유류분산정을 규정한 민법 제1113조 제1항에 대하여 합헌판결을 내렸습니다.

> **헌법재판소 2010. 4. 29. 선고 2007헌바144 전원재판부**
>
> 증여받은 목적물이 처분되거나 수용된 경우 수증자는 그 처분이나 수용으로 인하여 얻은 금원 등의 이용기회를 누리는 점,
> 수증자가 증여받은 재산의 가액이 상속개시시에 이르러 처분 당시나 수용 시보다 낮게 될 가능성도 배제할 수 없는 점 등에 비추어 보면,
> 유류분산정의 기초재산에 가산되는 증여재산의 평가시기를 증여재산이 피상속인 사망 전에 처분되거나 수용되었는지를 묻지 않고 모두 상속개시 시로 하는 것이 현저히 자의적이어서 기본권제한의 한계를 벗어난 것이라고 할 수는 없다.

위와 같은 헌법재판소의 의견은 유류분청구권자를 보호하는 차원에서 일견 납득이 가지만, 자의적인 처분이 아닌 강제수용에 있어서도 같은 기준을 적용해야 하는지에 대해서는 다소 의문이 있습니다.

상속포기와 사해행위취소

빚이 많은 채무자가 상속을 포기하고 다른 형제들에게 모두 재산을 양보하면 채권자는 어떤 행동을 취할 수 있을까요?

만약 빚이 많은 채무자가 부모로부터 거액의 상속재산을 물려 받게 되었을 때, 상속재산을 모두 채무변제에 쓰기 싫어서 상속을 포기하고 다른 형제들에게 모두 재산을 양보하면 채권자는 어떤 행동을 취할 수 있을까요?

민법상 채무자가 채권자를 해함을 알면서도 자기의 재산을 은닉·손괴 또는 제3자에게 증여하는 등의 방법으로 채무사의 총재산을 감소하게 하는 행위를 '사해행위'라고 하며, 채무자가 사해행위를 하였을 경우 채권자는 '사해행위취소소송'을 제기하여 채무자의 재산을 회복시킬 수 있습니다.

> **제406조(채권자취소권)**
>
> ① 채무자가 채권자를 해함을 알고 재산권을 목적으로 한 법률행위를 한 때에는 채권자는 그 취소 및 원상회복을 법원에 청구할 수 있다. 그러나 그 행위로 인하여 이익을 받은 자나 전득한 자가 그 행위 또는 전득당시에

> 채권자를 해함을 알지 못한 경우에는 그러하지 아니하다.
> ② 전항의 소는 채권자가 취소원인을 안 날로부터 1년, 법률행위 있은 날로부터 5년 내에 제기하여야 한다.

그렇다면 과연 상속인의 상속포기 행위가 사해행위에 해당할까요? 만약 상속포기가 사해행위에 해당한다면 상속인의 채권자는 사해행위취소소송을 제기하여 채무자가 포기한 상속재산을 채무자에게 되돌려 놓아 채권을 추심할 수 있을 것입니다.

결론적으로 판례는 상속포기를 사해행위취소의 대상으로 보지 않고 있습니다.

> **대법원 2011. 6. 9. 선고 2011다29307 판결**
>
> 상속의 포기는 비록 포기자의 재산에 영향을 미치는 바가 없지 아니하나 상속인으로서의 지위 자체를 소멸하게 하는 행위로서 순전한 재산법적 행위와 같이 볼 것이 아니다.
> 오히려 상속의 포기는 1차적으로 피상속인 또는 후순위상속인을 포함하여 다른 상속인 등과의 인격적 관계를 전체적으로 판단하여 행하여지는 '인적 결단'으로서의 성질을 가진다.
> 그러한 행위에 대하여 비록 상속인인 채무자가 무자력상태에 있다고 하여서 그로 하여금 상속포기를 하지 못하게 하는 결과가 될 수 있는 채권자의 사해행위취소를 쉽사리 인정할 것이 아니다.

그러나 여기서는 주의하셔야 하는 점이 있습니다. 그것은 여기서 말하는 상속포기는 상속재산분할협의에서 상속분을 0으로 하겠다는 포기가 아니라 가정법원에 상속인의 지위를 포기하겠다는 의사를 신고하는 포기를 의미하는 것이라는 점입니다. 따라서 민법 제1041조에서 정하는 포기의 방식(상속개시가 있음을 안 날로부터 3개월 이내에 가정법원에 신고)을 반드시 지켜야 합니다.

반면 상속재산분할협의를 통하여 자신의 상속분을 포기한 것이라면 이러한 협의행위는 사해행위취소의 대상이 될 수 있습니다.

> **대법원 2007. 7. 26. 선고 2007다29119 판결**
>
> 상속재산의 분할협의는 상속이 개시되어 공동상속인 사이에 잠정적 공유가 된 상속재산에 대하여 그 전부 또는 일부를 각 상속인의 단독소유로 하거나 새로운 공유관계로 이행시킴으로써 상속재산의 귀속을 확정시키는 것으로 그 성질상 재산권을 목적으로 하는 법률행위이므로 사해행위취소권 행사의 대상이 될 수 있고, 한편 채무자가 자기의 유일한 재산인 부동산을 매각하여 소비하기 쉬운 금전으로 바꾸거나 타인에게 무상으로 이전하여 주는 행위는 특별한 사정이 없는 한 채권자에 대하여 사해행위가 되는 것이므로, 이미 채무초과 상태에 있는 채무자가 상속재산의 분할협의를 하면서 자신의 상속분에 관한 권리를 포기함으로써 일반 채권자에 대한 공동담보가 감소한 경우에도 원칙적으로 채권자에 대한 사해행위에 해당한다.

얼핏 생각하면 상속포기와 자신의 상속분을 0으로 하는 상속재산분할협의의 효과가 비슷해 보일 수도 있으나, 위와 같이 전혀 다른 결과를 야기할 수도 있는 것입니다.

미성년자의 상속재산분할협의와 이해상반행위

공동상속인 중 미성년자가 포함되어 있을 경우에 또 다른 공동상속인인 부모가 미성년자 자녀의 상속재산분할협의를 대신할 수 있을까요?

일반적으로 미성년자의 법률행위는 공동상속인 법정대리인인 친권자가 하게 됩니다. 그런데 공동상속인 중 미성년자가 포함되어 있을 경우에 또 다른 공동상속인인 부모가 미성년자 자녀의 상속재산분할협의를 대신할 수 있을까요?

만약 부모가 미성년자 자녀의 상속재산분할협의를 대신할 수 있다고 한다면 문제가 생길 여지가 있습니다. 예를 들어 부모가 상속재산을 자신에게 모두 몰아주는 식으로 상속재산분할협의를 한다든지, 자녀 중 특정인에게만 재산을 몰아준다든지 하여 미성년자인 상속인 당사자에게 매우 불리한 결과가 생길 수도 있는 것입니다.

민법은 이러한 경우를 막기 위해 친권자와 자녀들 간의 '이해상반행위'에 대하여 특별대리인을 선임하도록 규정하고 있습니다. 여기서 이해상반행위란 '친권자와 자녀 사이에 친권자가 행사하는 행위의 성질상 이해가 대립할 우려가 있는 행위'를 말합니다.

> **제921조(친권자와 그 자간 또는 수인의 자간의 이해상반행위)**
>
> ① 법정대리인인 친권자와 그 자 사이에 이해상반되는 행위를 함에는 친권자는 법원에 그 자의 특별대리인의 선임을 청구하여야 한다.
> ② 법정대리인인 친권자가 그 친권에 따르는 수인의 자 사이에 이해상반되는 행위를 함에는 법원에 그 자 일방의 특별대리인의 선임을 청구하여야 한다.

그렇다면 공동상속인인 친권자와 미성년자 사이의 상속재산분할협의가 이해상반행위일까요?

판례는 행위의 객관적 성질상 친권자와 자 사이 또는 친권에 복종하는 수인의 자 사이에 이해의 대립이 생길 우려가 있는 행위라면 친권자의 의도나 그 행위의 결과 실제로 이해의 대립이 생겼는가의 여부는 묻지 아니하므로 위 상속재산분할협의는 이해상반행위라고 판단하고 있습니다.

> **대법원 1993. 4. 13. 선고 92다54524 판결**
>
> 민법 제921조의 이해상반행위란 행위의 객관적 성질상 친권자와 그 자 사이 또는 친권에 복종하는 수인의 자 사이에 이해의 대립이 생길 우려가 있는 행위를 가리키는 것으로서 친권자의 의도나 그 행위의 결과 실제로 이해의 대립이 생겼는가의 여부는 묻지 아니하는 것이라 할 것인바,
> 공동상속재산분할협의는 그 행위의 객관적 성질상 상속인 상호간에 이해의 대립이 생길 우려가 있는 행위라고 할 것이므로 공동상속인인 친권자와 미성년인 수인의 자 사이에 상속재산분할협의를 하게 되는 경우에는 미성년자 각자마다 특별

> 대리인을 선임하여 그 각 특별대리인이 각 미성년자인 자를 대리하여 상속재산분할의 협의를 하여야 하고,
> 만약 친권자가 수인의 미성년자의 법정대리인으로서 상속재산분할협의를 한 것이라면 이는 민법 제921조에 위반된 것으로서 이러한 대리행위에 의하여 성립된 상속재산분할협의는 피대리자 전원에 의한 추인이 없는 한 무효라고 할 것

그러므로 친권자가 공동상속인인 미성년자를 대리할 특별대리인을 선임하지 않고 상속재산분할협의를 하였다면 그 협의는 무효이며, 만약 그 협의분할에 의한 상속을 원인으로 상속인 중 1인이 상속부동산에 관한 소유권이전등기를 마쳤다면, 협의분할의 무효를 주장하며 소유권자를 상대로 말소등기청구소송을 제기할 수 있을 것입니다. 다만, 이러한 소송은 상속회복청구의 소에 해당하기 때문에 등기이전이 된지 10년(제척기간) 이내에 소송을 제기하여야 합니다.

금전채무도 상속재산분할의 대상이 되는지 여부

피상속인이 사망하여 상속이 개시되면 부동산, 예금 등의 적극재산뿐만 아니라 '채무'도 상속의 대상이 됩니다

피상속인이 사망하여 상속이 개시되면 부동산, 예금등의 적극재산뿐만 아니라 '채무'도 상속의 대상이 됩니다.

이 중 부동산과 같은 재산은 당연히 상속재산분할의 대상이 되며 예금채권은 피상속인의 사망(상속개시)과 동시에 법정상속분에 따라 각 공동상속인들에게 분할되어 귀속되는 것이므로(대법원 2006. 7. 24. 2005스83결정) 원칙적으로는 상속재산분할의 대상이 아니지만, 공동상속인들 중에 초과특별수익자가 있는 경우와 같이 예금채권과 같은 가분채권을 법정상속분대로 나누면 상속인들 간의 형평이 깨지는 경우에는 가분채권도 예외적으로 상속재산분할의 대상이 될 수 있습니다.

> **대법원 2016. 5. 4.자 2014스122 결정**
>
> 금전채권과 같이 급부의 내용이 가분인 채권은 공동상속되는 경우 상속개시와 동시에 당연히 법정상속분에 따라 공동상속인들에게 분할되어 귀속되므로 상속재산분할의 대상이 될 수 없는 것이 원칙이다.

> 그러나 가분채권을 일률적으로 상속재산분할의 대상에서 제외하면 부당한 결과가 발생할 수 있다. 예를 들어 공동상속인들 중에 초과특별수익자가 있는 경우 초과특별수익자는 초과분을 반환하지 아니하면서도 가분채권은 법정상속분대로 상속받게 되는 부당한 결과가 나타난다.
>
> 따라서 이와 같은 특별한 사정이 있는 때는 상속재산분할을 통하여 공동상속인들 사이에 형평을 기할 필요가 있으므로 가분채권도 예외적으로 상속재산분할의 대상이 될 수 있다.

그렇다면 채무의 경우는 어떨까요? 예를 들어 피상속인의 상속재산이 10억 원이고 채무가 5억 원이라 할 때, 자녀인 A, B중 A가 6억 원의 상속재산을 물려받고 B가 4억 원의 재산을 물려받는다고 합의하였을 때 채무도 상속비율에 따라 A가 3억 원, B가 2억 원을 책임지는 것으로 합의할 수 있을까요?

혹은 피상속인이 A에게 생전에 6억 원을 증여하였고, 상속 재산으로 재산 4억 원과 채무 5억 원이 남았을 때, B가 상속재산분할심판청구로 상속재산 4억 원을 자신이 갖고 채무는 A가 3억 원, B가 2억 원의 비율로 분할해야 한다는 주장을 할 수 있을까요?

결론부터 말씀드리자면 '금전채무는 상속재산분할의 대상이 되지 않는다'입니다. 금전채무와 같은 가분채무는 상속과 동시에 법정상속분대로 상속인들에게 분할되므로 상속재산분할의 대상이 되지 않습니다. 그렇기 때문에 위 사례와 같은 경우 A와B는 똑같이 2억 5,000만 원의 채무를 책임지게 됩니다.

　사실 위와 같은 결론에 따르면 매우 불합리한 경우가 생기기도 합니다. 만약 공동상속인 중 1인이 상속재산과 채무 전부를 책임지기로 하는 상속재산분할협의를 하였다고 하더라도 상속채권자(상속에 의하여 상속인의 채권자가 된 피상속인의 채권자)가 나머지 상속인들에게 법정상속비율에 따른 채무의 변제를 청구할 수 있기 때문입니다.

　그렇기 때문에 위와 같은 상속재산분할협의를 하는 과정에서는 각별한 주의가 필요합니다.

　예를 들어 위와 같은 상황이라고 한다면, 상속채무를 상속재산으로 우선적으로 모두 변제한 후 남은 재산에 대해서만 상속재산분할협의를 하거나, 상속인 개인의 법정상속비율에 의한 채무액을 계산한 후 그 금액만큼은 각 상속인들이 상속을 받고 남은 재산에 대해서만 특정상속인에게 분할하는 방식을 취하는 것이 좋겠습니다.

상속재산분할 시 기여분 주장에 대하여
기여분을 인정받기 위한 요건

　상속이 시작될 시 공동상속인 중 1명이 자신이 부모님을 모셨거나 부모님의 사업을 도왔다는 이유로 더 많은 상속을 받아야 한다는 주장을 하는 경우가 많습니다. 이러한 제도를 재산상속 기여분 제도라고 합니다.

　기여분제도는 공동상속인 가운데 상당한 기간 동거·간호, 그 밖의 방법으로 피상속인을 특별히 부양하거나 피상속인의 재산의 유지 또는 증가에 특별히 기여한 자가 있을 때 상속분 산정에 그러한 특별한 기여나 부양 등을 고려하는 제도를 말합니다.

　예를 들어 피상속인의 상속재산이 1억 원이고 상속인으로 A, B(형제)가 있다 할 때 공동상속인 중 A의 기여분 50%가 인정된다고 하면 1억 원의 50%인 5천만 원은 A가 상속받고 나머지 5천만 원을 공동상속인인 A, B가 다시 절반씩 가지게 되어 종국적으로 A가 7,500만 원, B가 2,500만 원을 상속받게 됩니다. 이처럼 기여분이 인정되면 상속재산분할율이 크게 달라질 수 있습니다.

기여분은 일반적인 범주를 넘어선 '특별한' 기여를 말합니다. 의뢰인분들이 기여분을 인정받아야 할 사유로 가장 많이 말씀하시는 것이 '자신만이 부모님을 모시고 살았고 다른 형제들은 부모님을 잘 찾아오지도 않았다'라는 것인데 일반적으로 이정도의 기여는 재판부에서 자식으로서의 당연한 도리라고 생각하여 '특별한' 기여라 보지 않는 경우가 많습니다.

기여분을 인정받기 위해서는 적어도 일반적인 부양의무를 넘어서는 정도의 부양, 예를 들어 수십 년간 경제력이 전혀 없는 부모님을 혼자 모셨다든지, 부모님의 병간호를 위해 직장도 그만두고 병간호에 매진했다든지 하는 등의 아무리 부모자식 간이라도 쉽사리 요구할 수 없는 정도의 부양이 있어야 특별한 기여로 인정받을 수 있습니다.

또한 아버지의 사업을 도와 재산을 일구었다는 주장도 많이들 하시는데 이러한 경우에도 자식이 꽤나 많은 월급을 받은 경우가 많아 '특별한' 기여로 인정 받지 못하는 경우가 많습니다(기여의 무상성).

그러나 최근에는 과거보다는 기여분을 조금 더 폭넓게 인정해 주는 경향이 있습니다. 아마도 핵가족화가 진행되면서 과거처럼 부모님을 모시고 사는 것이 당연한 일만은 아니라는 사회적 분위기가 반영되는 것이 아닌가 싶습니다. 어느 정도의 기여를 '특별한' 기여로 볼 수 있는지에 대한 다툼은 매우 치열하게 전개될 수 있기 때문에 상속문제는 꼭 법률전문가의 도움을 받아 보시는 것을 권해 드립니다.

배우자의 특별수익에 대하여
특별수익이 중요한 이유

 피상속인이 생전에 공동상속인에게 증여 또는 유증을 통해 분여한 재산을 특별수익이라 하며, 특별수익을 받은 상속자를 특별수익자라고 합니다.

 특별수익이 중요한 이유는 피상속인의 사후 상속재산분할심판을 하거나 유류분반환소송을 할 때 특별수익이 상정상속재산에 포함되기 때문입니다.

구체적 상속분을 정하는 공식

※ {(현재 피상속인 명의로 남아 있는)상속재산 + 특별수익} = 상정상속재산
※ 상정상속재산 × 법정상속분 = 당해 상속인의 본래 상속분
※ 본래 상속분 − 특별수익 = 구체적 상속분

유류분을 구하는 공식

※ (상정상속재산 − 상속채무) × (법정상속분 × 유류분비율) = 유류분

위와 같은 공식에 따르면 다른 상속인이 받은 특별수익이 많을수록 상속재산분할심판에서는 특별수익이 없는 상속인의 구체적 상속분이 늘어나고, 유류분반환소송에서의 유류분액도 늘어나게 됩니다. 그렇기 때문에 생전에 피상속인으로부터 특별히 증여받은 재산이 없는 상속인의 경우 다른 상속인이 피상속인 생전에 받은 증여재산을 최대한 많이 찾아내는 것이 유리합니다.

그런데 판례는 생전증여를 모두 특별수익으로 보고 있지는 않습니다. 어떠한 생전 증여가 특별수익에 해당하려면 피상속인의 생전의 자산, 수입, 생활수준, 가정상황 등을 고려하여 당해 생전 증여가 장차 상속인으로 될 자에게 돌아갈 상속재산을 선급하는 것으로 볼 수 있어야 합니다. 예를 들어 생전증여라 하더라도 용돈이나 학비지원(다른 자녀들과 현격한 차이가 나는 유학비용 등의 경우 특별수익을 볼 여지도 있습니다)등은 특별수익으로 보지 않는 것입니다.

피상속인이 배우자에 전재산을 생전증여한 경우에도 그 증여가 특별수익에 해당하지 않는다고 판단한 판례도 있습니다.

> **대법원 2011. 12. 8. 선고 2010다66644 판결**
>
> 어떠한 생전 증여가 특별수익에 해당하는지는 피상속인의 생전의 자산, 수입, 생활수준, 가정상황 등을 참작하고 공동상속인들 사이의 형평을 고려하여 당해 생전 증여가 장차 상속인으로 될 자에게 돌아갈 상속재산 중 그의 몫의 일부를 미리

> 주는 것이라고 볼 수 있는지에 의하여 결정하여야 하는데,
> 생전 증여를 받은 상속인이 배우자로서 일생 동안 피상속인의 반려가 되어 그와 함께 가정공동체를 형성하고 이를 토대로 서로 헌신하며 가족의 경제적 기반인 재산을 획득·유지하고 자녀들에게 양육과 지원을 계속해 온 경우, 생전 증여에는 위와 같은 배우자의 기여나 노력에 대한 보상 내지 평가, 실질적 공동재산의 청산, 배우자 여생에 대한 부양의무 이행 등의 의미도 함께 담겨 있다고 봄이 타당하므로
> 그러한 한도 내에서는 생전 증여를 특별수익에서 제외하더라도 자녀인 공동상속인들과의 관계에서 공평을 해친다고 말할 수 없다.

위의 판례가 아주 일반적인 판례라 볼 수는 없지만 배우자에 대한 생전증여의 경우 자녀에 대한 증여에 비해 좀 더 특별수익에서 제외해 주는 경향이 있는 것이 사실입니다.

피상속인과 배우자가 피상속인 사망전에 이혼을 하였다면 배우자는 거의 절반의 재산을 분할 받을 수 있는데 반해 백년해로한 경우에는 오히려 상속받는 재산이 매우 적어질 수 있다는 부분에 대한 불합리성이 많이 지적되고 있는데 배우자가 생전에 증여받은 재산을 특별수익에서 배제한다면 그러한 불합리성을 어느 정도 보정해 줄 수 있기 때문이 아닌가 하는 생각이 듭니다.

사실혼 배우자도 상속받을 수 있을까요?

동거를 지속하면서 상호 간을 부부로 인정하고, 서로의 가족 행사에 함께 참여했다면 이들의 관계는 사실혼으로 볼 수가 있습니다

사실혼이란 '혼인신고' 없이 사실상 부부관계로 사는 것을 말합니다. 일반적으로 동거를 지속하면서 상호 간을 부부로 인정하고, 서로의 가족 행사에 함께 참여했다면 이들의 관계는 사실혼으로 볼 수가 있습니다.

그러나 민법 812조는 혼인할 의사로 '혼인신고'까지 마쳐야 법률상의 혼인관계로 보는 법률혼 방식을 채택하고 있습니다. 사실혼도 법률상의 부부에 준하는 보호를 받으므로 사실혼 관계가 종료된 경우 재산분할과 위자료를 청구할 권리가 있습니다만 법률상 부부와는 달리 상속권은 인정되지 않는 것이 원칙입니다.

사실혼 관계의 배우자에게 상속권을 인정하지 않는 민법 제1003조 제1항(법률상 배우자의 상속순위 규정 조항)이 사실혼 배우자의 상속권을 침해하는지 여부에 대하여 다툼이 있었지만 헌법재판소는 합헌 결정을 내렸습니다.

> **헌법재판소 2014. 8. 28. 선고 2013헌바119 전원재판부결정**
>
> 이 사건 법률조항이 사실혼 배우자에게 상속권을 인정하지 아니하는 것은 상속인에 해당하는지 여부를 객관적인 기준에 의하여 파악할 수 있도록 함으로써 상속을 둘러싼 분쟁을 방지하고, 상속으로 인한 법률관계를 조속히 확정시키며, 거래의 안전을 도모하기 위한 것이다.
> 사실혼 배우자는 혼인신고를 함으로써 상속권을 가질 수 있고, 증여나 유증을 받는 방법으로 상속에 준하는 효과를 얻을 수 있으며, 근로기준법, 국민연금법 등에 근거한 급여를 받을 권리 등이 인정된다. 따라서 이 사건 법률조항이 사실혼 배우자의 상속권을 침해한다고 할 수 없다.

그런데 위의 헌법재판소결정을 보면 알 수 있듯이 사실혼 배우자는 공무원연금법, 근로기준법, 국민연금법 등의 특별법에 따라 연금 및 유족급여를 받을 권리가 있습니다.

또한 사실혼 관계의 배우자는 '주택임대차보호법'에 따라 일정한 범위 내에서 주택임대차보호법에 따라 임차권을 승계할 수도 있습니다.

> **제9조(주택 임차권의 승계)**
>
> ① 임차인이 상속인 없이 사망한 경우에는 그 주택에서 가정공동생활을 하던 사실상의 혼인 관계에 있는 자가 임차인의 권리와 의무를 승계한다.
> ② 임차인이 사망한 때에 사망 당시 상속인이 그 주택에서 가정공동생활을 하고 있지 아니한 경우에는 그 주택에서 가정공동생활을 하던 사실상의 혼인 관계에 있는 자와 2촌 이내의 친족이 공동으로 임차인의 권리와 의무를 승계한다.

다만 위의 권리들을 인정받기 위해서는 '사실혼관계존재확인소송'을 통하여 사실혼관계를 입증하여야 할 것입니다.

자녀들의 상속포기 시 배우자의 상속분

상속인으로 피상속인의 배우자와 자녀들이 있을 때, 자녀들이 상속포기를 하면 배우자의 상속분은 어떻게 될까요?

이번에 알아볼 주제는 상속인으로 피상속인의 배우자와 자녀들이 있을 때, 자녀들이 상속포기를 하면 배우자의 상속분은 어떻게 되는지입니다. 예를 들어 상속인으로 배우자와 아들이 있고 아들에게는 다시 두 명의 아들(피상속인에게는 손자)이 있다고 할 때, 아들이 상속포기를 하면 어떻게 될까요?

> **민법 제1000조(상속의 순위)**
>
> ① 상속에 있어서는 다음 순위로 상속인이 된다.
> 1. 피상속인의 직계비속
> 2. 피상속인의 직계존속
> 3. 피상속인의 형제자매
> 4. 피상속인의 4촌 이내의 방계혈족
>
> ② 전항의 경우에 동순위의 상속인이 수인인 때에는 최근친을 선순위로 하고 동친등의 상속인이 수인인 때에는 공동상속인이 된다.

> **민법 제1003조(배우자의 상속순위)**
>
> ① 피상속인의 배우자는 제1000조제1항제1호와 제2호의 규정에 의한 상속인이 있는 경우에는 그 상속인과 동순위로 공동상속인이 되고 그 상속인이 없는 때에는 단독상속인이 된다.
>
> **제1009조(법정상속분)**
>
> ① 동순위의 상속인이 수인인 때에는 그 상속분은 균분으로 한다.
> ② 피상속인의 배우자의 상속분은 직계비속과 공동으로 상속하는 때에는 직계비속의 상속분의 5할을 가산하고, 직계존속과 공동으로 상속하는 때에는 직계존속의 상속분의 5할을 가산한다.

배우자와 직계비속은 1순위 상속인으로 직계비속이라 하는 것은 자녀만을 말하는 것이 아니라 자녀, 손자녀, 증손자녀 등 직계로 피를 나눈 비속전체를 말하는 것이므로 자녀들이 모두 상속포기를 하면 그 다음으로 손자녀들이 1순위 상속인이 됩니다.

그렇다면 원래 배우자와 아들이 상속인이었을 경우 배우자와 아들은 1.5:1의 비율로 상속을 받게 되지만, 아들이 상속을 포기하여 배우자와 손자 2명이 1순위 상속인이 되면 배우자와 손자 2명이 1.5:1:1의 비율로 상속을 받게 됩니다.

즉 피상속인이 3억 5천만 원의 재산을 남겼다고 할 때 배우자와 아들이 상속인일 경우에는 배우자가 2억 1천만 원을 상속받고 아들이 1

억 4천만 원을 상속받게 되지만, 아들이 상속포기를 하여 배우자가 손자들과 같이 상속을 받게 되면 배우자는 1억 5천만 원만 상속받게 되고 손자들이 각각 1억 원씩 상속받게 되는 것으로 배우자의 상속분이 줄어들게 되는 것입니다.

물론 이런 일이 발생하는 경우가 실제로 그렇게 많지는 않지만 자녀들이 사실상 자신의 상속분을 늘리기 위해서 위와 같이 고의로 상속포기를 할 가능성은 충분히 있습니다.

다만 그러한 의도를 가지고 한 아들의 상속포기 행위가 신의성실의 원칙(권리의무의 양 당사자는 권리를 행사하거나 의무를 이행함에 있어서 신의와 성실로써 행동해야 한다는 민법상의 원칙)에 벗어나 무효가 될 수도 있습니다만, 아직 판례를 찾아 보기 어렵습니다.

이와 같이 우리나라의 상속법상 배우자의 상속분은 직계비속이 많을수록 줄어드는 구조를 가지고 있어 다소 불합리한 점이 있습니다.

피상속인과 배우자가 피상속인 사망전에 이혼을 하였다면 배우자는 거의 50%의 재산을 분할 받을 수 있겠지만 반대로 백년해로 하였고 5명의 자녀를 두었다면 상속분으로 23%정도의 재산만 상속받을 수 있기 때문입니다.

일본 민법처럼 공동상속인의 숫자와 상관 없이 배우자의 상속분을 특정 비율로 정하는 등 실질적으로 배우자의 상속분을 보장할 수 있는 방식으로의 민법 개정이 필요해 보입니다.

상속재산분할협의 후에도 유류분반환청구가 가능한지 여부

자신이 받은 상속분이 다른 형제들에 비해 적은 것 같아 다시 상속재산분할청구나 유류분반환청구를 할 수 있을까요?

오늘은 공동상속인인 형제들 간에 일단 상속재산에 대한 협의분할을 하여 상속재산을 나누어 가졌으나 추후 자신이 받은 상속분이 다른 형제들에 비해 적은 것 같아 다시 상속재산분할청구나 유류분반환청구를 할 수 있는지에 대해서 알아보겠습니다.

상속재산의 협의분할이란 피상속인의 분할금지 유언이 없는 경우에 공동상속인이 협의로 상속재산을 분할하는 것을 말합니다. 협의분할을 할 때에는 공동상속인 전원의 합의가 있으면 되고, 그에 대한 특별한 방식이 정해져 있는 것은 아닙니다. 상속재산의 협의분할은 일종의 계약이므로 공동상속인들 사이에 구두로 할 수도 있지만 추후 분쟁을 피하기 위해서는 협의분할서를 작성하고 공동상속인 모두의 인감을 받아 놓는 것이 좋습니다.

일단 협의분할의 경우 공동상속인 전원의 동의가 있으면 그 형식에 구애 없이 협의가 성립된 것이므로 협의분할을 구두로 하였다고 하여도 공동상속인 전원의 동의가 있었다면 추후 다시 상속재산분할청구를 할 수는 없습니다. 또한 유류분반환청구의 경우도 마찬가지로 협의분할에 동의를 하였다면 유류분반환청구권을 포기한 것으로 봅니다(대법원 2002. 4. 26. 선고 2000다8878 판결). 다만 유류분반환청구권의 포기는 상속이 개시된 이후에만 가능하므로 피상속인의 생전에 '피상속인이 사망한 이후에 유류분반환청구를 하지 않는다'등의 약정이 있다 하더라도 법률적으로 아무런 효력도 없다는 것이 판례의 태도입니다.

그런데 상속재산분할협의가 완료되었다 하더라도 예외적으로 유류분반환청구가 가능한 경우가 있는데요, 예를 들어 상속재산에 대한 분할협의를 마친 후 피상속인이 특정상속인에게 증여한 재산이 새로이 발견된 경우가 그렇습니다.

판례는 "공동상속인들이 상속재산분할협의를 함에 있어서 피상속인의 상속재산 및 피상속인의 생전처분재산의 내역을 대략적이나마 확인한 상태에서 상속재산분할협의가 이루어졌다면 그러한 상속재산분할협의는 다른 재산에 대한 유류분반환청구권의 포기로 인정할 수 있으나, 일부 공동상속인이 피상속인의 상속재산 및 피상속인의 생전 처분재산의 내역을 알지 못한 상태에서 일부 확인된 재산만에 관하여 상속재산분할협의를 하였다면 이로써 다른 전체 재산에 대한 유류분반환청구권을 포기하였다고 볼 수 없음이 상당하다(서울고등법원 2010.

11. 17. 선고 2008나98220 판결).”라고 판시하고 있습니다.

　따라서 상속재산분할 협의가 마쳐졌더라도 피상속인의 상속재산 및 재산처분 내역을 모르는 상태에서 협의를 한 것을 입증할 수 있다면 유류분반환청구를 할 수 있을 것입니다.

배우자와 자녀들이 상속인일 경우 상속포기, 한정승인시 유의사항

배우자가 한정승인을 하고 나머지 자녀들이 상속포기를 하면 문제가 발생한다면?

피상속인이 사망하여 상속이 개시되면 부동산, 예금등의 적극재산 뿐만 아니라 '채무'도 상속의 대상이 됩니다. 피상속인의 적극재산이 더 많다면 상관없겠지만 재산보다 채무가 더 많다면 상속인으로서는 난감할 수밖에 없습니다.

이러한 경우를 대비해서 민법은 '한정승인'과 '상속포기'라는 제도를 만들어 두었습니다. 한정승인은 '상속인이 상속으로 취득하게 될 재산의 한도에서 피상속인의 채무와 유증을 변제할 것을 조건으로 상속을 승인하려는 의사표시'를 말하며, 상속포기는 '상속인이 상속의 효력을 소멸하게 할 목적으로 하는 의사표시'를 말합니다.

간단하게 설명드리자면 한정승인은 상속받을 적극재산의 범위 내에서 채무를 변제하는 조건으로 상속을 받는 것으로, 피상속인의 적극재산보다 채무가 더 많다면 적극재산의 범위 내에서만 채무를 변제하면 되므로 상속인에게 추가적인 재산적 손해가 없게 됩니다. 상속포기는 상속인으로서의 자격을 포기하는 것으로 상속포기를 하면 처음부터 상속인이 아니었던 것이 되어 피상속인의 적극재산 및 채무 모두를 포기하는 것이므로 당연히 재산적 손해가 발생하지 않습니다.

　한정승인을 할 때에는 상속개시가 있음을 안 날로부터 3개월 이내에 상속재산의 목록을 첨부하여 상속개시지의 가정법원에 한정승인의 신고를 해야 하며, 상속을 포기할 때에는 상속개시 있음을 안 날로부터 3개월 이내에 상속개시지의 가정법원에 포기의 신고를 하면 됩니다.

　얼핏 생각해도 상속포기가 훨씬 간단한데도 불구하고 모두 상속포기를 하지 않는 이유는 상속포기의 경우 처음부터 상속인이 아니었던 것이 되므로 차순위 상속인에게 상속권이 돌아가기 때문입니다. 즉 내가 상속포기를 하면 내 자녀가 상속인이 되는 것입니다. 그러므로 대부분의 경우 실무적으로 상속인이 여러 명일 경우 한명이 한정승인을 하고, 나머지 상속인들이 상속포기를 하여 차순위 상속인까지 상속이 되지 않게 합니다.

　그런데 공동상속인이 피상속인의 배우자와 그 자녀들일 경우에는 한 가지 주의해야 할 점이 있습니다. 공동상속인이 여러 명일 경우 한 명이 한정승인을 하고 나머지 상속인들이 상속포기를 하는 방법을 많이 쓴다고 하였는데 배우자가 한정승인을 하고 나머지 자녀들이 상속포기를 하면 문제가 발생합니다.

> **민법 제1000조(상속의 순위)**
>
> ① 상속에 있어서는 다음 순위로 상속인이 된다.
> 1. 피상속인의 직계비속
> 2. 피상속인의 직계존속
> 3. 피상속인의 형제자매
> 4. 피상속인의 4촌 이내의 방계혈족
>
> ② 전항의 경우에 동순위의 상속인이 수인인 때에는 최근친을 선순위로 하고 동친등의 상속인이 수인인 때에는 공동상속인이 된다.
>
> **민법 제1003조(배우자의 상속순위)**
>
> ① 피상속인의 배우자는 제1000조제1항제1호와 제2호의 규정에 의한 상속인이 있는 경우에는 그 상속인과 동순위로 공동상속인이 되고 그 상속인이 없는 때에는 단독상속인이 된다.

 민법은 피상속인의 직계비속과 배우자를 1순위 상속인으로 규정하고 있습니다. 그런데 '직계비속'이라 하는 것은 비단 자녀만을 말하는 것이 아니라 자녀, 손자녀, 증손자녀 등 직계로 피를 나눈 비속전체를 말합니다. 따라서 자녀들이 모두 상속포기를 하면 그 다음으로 손자녀들이 1순위 상속인이 되는 것입니다.

 만약 피상속인의 배우자가 한정승인을 하고 자녀들이 상속포기를 하면, 피상속인의 손자녀들이 피상속의 배우자와 공동으로 상속인이 되는 결과가 발생하게 됩니다. 그러므로 이러한 경우 차순위 상속인까지 상속이 되지 않게 마무리 하기 위해서는 피상속인의 자녀들 중 한명이 한정승인을 하고 나머지 자녀들과 배우자가 상속포기를 하여야 합니다.

> **대법원 2015. 5. 14. 선고 2013다48852 판결**
>
> 상속을 포기한 자는 상속개시된 때부터 상속인이 아니었던 것과 같은 지위에 놓이게 되므로, 피상속인의 배우자와 자녀 중 자녀 전부가 상속을 포기한 경우에는 배우자와 피상속인의 손자녀 또는 직계존속이 공동으로 상속인이 되고, 피상속인의 손자녀와 직계존속이 존재하지 아니하면 배우자가 단독으로 상속인이 된다.

손자에게 증여한 재산에 대해 유류분반환청구를 할 수 있는지 여부

제3자에게 한 증여가 상속개시일 1년 전에 이루어진 것이라 하더라도 그것이 다른 상속인의 유류분을 침해하는 것을 알고 한 경우에는 유류분반환청구 소송의 대상이 될 수 있습니다

간혹 피상속인인 할아버지가 재산을 아들이 아닌 손자에게 직접 생전증여한 경우에도 유류분반환청구가 가능한지 문의를 주시는 분들이 계십니다. 그런데 이 손자(청구인에게는 조카)에게 유류분반환청구소송이 가능한지에 대해서는 몇가지 경우를 나누어 살펴 보아야 합니다.

우선 증여를 받은 손자의 아버지가 증여당시 생존해 있을 경우에는 손자가 상속인이 아니므로 제3자에 대한 유류분반환청구가 됩니다. 이 경우에는 원칙적으로 피상속인의 사망일로부터 1년 내의 증여에 한해서만 유류분반환청구가 가능합니다. 단, 제3자(여기서는 손자)에게 한 증여가 상속개시일 1년 전에 이루어진 것이라 하더라도 그것이 다른 상속인의 유류분을 침해하는 것을 알고 한 경우에는 유류분반환청구 소송의 대상이 될 수 있습니다.

> **제1114조(산입될 증여)**
>
> 증여는 상속개시 전의 1년간에 행한 것에 한하여 제1113조의 규정에 의하여 그 가액을 산정한다. 당사자 쌍방이 유류분권리자에 손해를 가할 것을 알고 증여를 한 때에는 1년 전에 한 것도 같다.

문제는 증여시기가 상속개시 1년전일 경우 어떻게 '쌍방이 유류분 권리자의 손해를 가할 것을 알고 증여하였는가'를 입증할 것인가이며 이것을 입증하는 것이 승패의 관건입니다.

이에 대해서 판례는 '증여 당시 법정상속분의 2분의 1을 유류분으로 갖는 직계비속들이 공동상속인으로서 유류분권리자가 되리라고 예상할 수 있는 경우에, 제3자에 대한 증여가 유류분권리자에게 손해를 가할 것을 알고 행해진 것이라고 보기 위해서는, 당사자 쌍방이 증여 당시 증여재산의 가액이 증여하고 남은 재산의 가액을 초과한다는 점을 알았던 사정뿐만 아니라 장래 상속개시일에 이르기까지 피상속인의 재산이 증가하지 않으리라는 점까지 예견하고 증여를 행한 사정이 인정되어야 하고, 이러한 당사자 쌍방의 가해의 인식은 증여 당시를 기준으로 판단하여야 한다(2010다50809)'라고 판시하고 있습니다.

그러므로 손자에게 증여를 할 당시 조부모의 재산이 더 늘어날 확률이 있거나 증여하는 재산이 증여하고 남은 재산을 초과하지 않는다면 해당 재산은 유류분 반환의 대상이 되기 어려울 것입니다.

두 번째로는 상속인의 자녀(손자)에 대한 증여라 하더라도 그것이 상속인에 대한 증여와 다름 없다면 상속인에게 증여한 것으로 보기 때문에 이러한 점을 입증한다면 유류분반환청구가 가능하게 됩니다. 이 경우 손자에게 한 증여재산을 상속인인 아버지의 특별수익으로 평가하기 때문에 소송 상대방은 손자가 아니라 상속인인 아버지가 됩니다.

> **대법원 2007. 8. 28.자 2006스3,4 결정**
>
> 이와 같이 상속분의 산정에서 증여 또는 유증을 참작하게 되는 것은 원칙적으로 상속인이 유증 또는 증여를 받은 경우에만 발생하고, 그 상속인의 직계비속, 배우자, 직계존속이 유증 또는 증여를 받은 경우에는 그 상속인이 반환의무를 지지 않는다고 할 것이나, 증여 또는 유증의 경위, 증여나 유증된 물건의 가치, 성질, 수증자와 관계된 상속인이 실제 받은 이익 등을 고려하여 실질적으로 피상속으로부터 상속인에게 직접 증여된 것과 다르지 않다고 인정되는 경우에는 상속인의 직계비속, 배우자, 직계존속 등에게 이루어진 증여나 유증도 특별수익으로서 이를 고려할 수 있다고 함이 상당하다.

예를 들어 피상속인인 조부가 부동산을 손자에게 증여할 당시 손자가 미성년자이고 상속인인 아버지와 생활공동체를 형성하고 있다거나 하는 사정이 있다면 사실상 상속인에게 직접 증여된 것으로 볼 수 있는 것입니다.

이와 다른 경우는 증여당시 손자의 아버지가 사망해 있었을 경우입니다. 이러한 경우에 손자는 대습상속인의 지위에 있었기 때문에 증여받은 기간과 상관 없이 유류분반환청구가 가능하게 됩니다.

유류분반환청구소송에서 기여분을 인정받을 수 있을까요?

상속인별로 인정되는 유류분은 민법에 따라 직계비속과 배우자는 법정상속의 2분의 1, 직계존속과 형제 자매는 3분의 1로 정해져 있습니다

유류분이란 피상속인의 재산처분의 자유를 제한하여 법률상 상속인 등에게 귀속되는 것이 보장된 상속재산 중의 일정비율, 즉 상속재산 중 상속인등에게 유보되는 몫을 말합니다. 상속인별로 인정되는 유류분은 다음과 같습니다.

> 민법 제1112조(유류분의 권리자와 유류분) 상속인의 유류분은 다음 각호에 의한다.
> 1. 피상속인의 직계비속은 그 법정상속분의 2분의 1
> 2. 피상속인의 배우자는 그 법정상속분의 2분의 1
> 3. 피상속인의 직계존속은 그 법정상속분의 3분의 1
> 4. 피상속인의 형제자매는 그 법정상속분의 3분의 1

즉 피상속인이 자녀 중 1인에게 모든 재산을 상속한다는 유언을 남겼거나 피상속인 생전에 모든 재산을 자녀 중 1인에게 증여하였다 하더라도 다른 상속인들은 자신의 법정상속분(아버지 어머니가 모두 돌아가셨을 때 직계비속이 3형제라면 1/3)의 1/2을 반환받을 수 있다는 것입니다.

그런데 유류분청구를 받게 되는 피고들의 경우 자신은 피상속인의 병간호를 도맡아 했고 생활비 등도 책임졌으므로 자신의 기여분을 인정받아야 한다고 주장하고 싶어하는 경우가 많습니다.

기여분제도는 공동상속인 가운데 상당한 기간 동거·간호, 그 밖의 방법으로 피상속인을 특별히 부양하거나 피상속인의 재산의 유지 또는 증가에 특별히 기여한 자가 있을 때 상속분 산정에 그러한 특별한 기여나 부양 등을 고려하는 제도로서 기여분이 인정되는 범위만큼은 상속재산에서 제외되기 때문에 반환해야 할 유류분의 가액도 그만큼 줄어듭니다.

예를 들어 피상속인의 상속재산이 1억이고 상속인으로 A, B(형제)가 있다 할 때 공동상속인 중 A의 기여분 50%가 인정된다고 하면 5천만 원은 A가 상속받고 나머지 5천만 원을 공동상속인인 A, B가 절반씩 가지게 되어 종국적으로 A가 7,500만 원, B가 2,500만 원을 상속받게 됩니다.

그러나 판례는 '기여분은 상속재산분할의 전제문제로서의 성격을 갖는 것이므로 상속재산분할의 청구나 조정신청이 있는 경우에 한하여 기여분결정청구를 할 수 있고, 다만 예외적으로 상속재산분할 후에라도 피인지자나 재판의 확정에 의하여 공동상속인이 된 자의 상속분에 상당한 가액의 지급청구가 있는 경우에는 기여분의 결정청구를 할 수 있다고 해석되며, 상속재산분할의 심판청구가 없음에도 단지 유류분반환청구가 있다는 사유만으로는 기여분결정청구가 허용된다고 볼 것은 아니다(대법원 1994. 10. 14. 선고 94다8334 판결)'라고 판시하여 유류분반환청구소송에서 기여분을 주장하는 것을 인정하지 않고 있습니다.

이러한 판례의 태도에 대해서 피상속인인 부모님을 전적으로 모셨거나 피상속인 재산의 증식에 많은 기여를 한 자녀들의 입장에서는 무언가 불합리하다고 느낄 수 있겠습니다만 반대로 생각해보면 유류분반환청구의 피고가 되었다는 것은 다른 상속인들에 비해 많은 상속분을 받은 것이기 때문에 이미 본인의 기여분이 상속분에 반영되었다고 볼 여지가 많은 것이 사실입니다.

그런데 최근 대법원은 유류분반환청구소송에서도 아래와 같이 기여분 항변을 할 수 있는 길을 열어 주는 판결을 하였습니다.

> **대법원 2022. 3. 17. 선고 2021다230083, 230090 판결**
>
> "피상속인으로부터 생전 증여를 받은 상속인이 피상속인을 특별히 부양하였거나 피상속인의 재산의 유지 또는 증가에 특별히 기여하였고, 피상속인의 생전 증여에 상속인의 위와 같은 특별한 부양 내지 기여에 대한 대가의 의미가 포함되어 있는 경우와 같이 상속인이 증여받은 재산을 상속분의 선급으로 취급한다면 오히려 공동상속들 사이의 실질적인 형평을 해치는 결과가 초래되는 경우에는 그러한 한도 내에서 생전 증여를 특별수익에서 제외할 수 있다."

즉 유류분을 반환해야 하는 특정 상속인이 피상속인으로부터 생전 증여받은 재산 중 '특별한 부양 내지 기여에 대한 대가'의 의미가 포함되어 있는 증여재산'을 특별수익에서 제외할 수 있게 되어 실질적으로 기여분을 인정받을 수 있는 방법이 생긴 것입니다.

그러나 위 판례에서도 "유류분제도가 피상속인의 재산처분행위로부터 유족의 생존권을 보호하고 법정상속분의 일정비율에 해당하는 부분을 유류분으로 산정하여 상속인의 상속재산 형성에 대한 기여와 상속재산에 대한 기대를 보장하는 데 그 목적이 있는 점을 고려할 때, 피상속인의 생전 증여를 만연히 특별수익에서 제외하여 유류분제도를 형해화시키지 않도록 신중하게 판단하여야 한다"고 설시하여, 유류분반환청구에서 기여분 항변은 쉽게 인정받기는 어려울 것으로 보이며 사안별로 구체적인 사정을 면밀히 살펴 소송에 대응하여야 할 것입니다.

유언방식의 엄격성
민법이 정한 유언의 방식에 의하지 않은 유언은 그 내용이 유언자의 진정한 의사라 하더라도 무효가 됩니다

상속재산 문제로 형제나 가족들과 마찰이 생긴 의뢰인분들 중에 피상속인이 생전에 어떤 재산을 누구에게 얼마씩 주기로 했으니 그것이 효력이 있는 유언이 아니냐고 물으시는 분들이 있습니다. 그러나 유언의 효력이 발생하는 것은 피상속인이 사망한 후이므로 유언을 일정한 방식에 따라 엄격하게 작성하지 않으면 나중에 이를 해석하는 과정에서 많은 혼란과 분쟁을 초래할 우려가 있습니다.

따라서 민법은 유언자의 진의를 확인하기 쉽게 함과 동시에 타인의 위조나 변조를 방지하기 위하여 유언을 요식행위로 정하고 있습니다. 즉 민법이 정한 유언의 방식에 의하지 않은 유언은 그 내용이 유언자의 진정한 의사라 하더라도 무효가 됩니다.

> **민법 제1060조(유언의 요식성)**
>
> 유언은 본법의 정한 방식에 의하지 아니하면 효력이 생하지 아니한다.

민법 제1065조 내지 제1070조는 유언의 방식으로 자필증서, 녹음, 공정증서, 비밀증서와 구수증서의 5종을 열거하고 있으므로 이러한 방식에 부합하지 않는 유언은 모두 무효라 할 것입니다.

판례도 "민법 제1065조 내지 제1070조가 유언의 방식을 엄격하게 규정한 것은 유언자의 진의를 명확히 하고 그로 인한 법적 분쟁과 혼란을 예방하기 위한 것이므로, 법정된 요건과 방식에 어긋난 유언은 그것이 유언자의 진정한 의사에 합치하더라도 무효라고 하지 않을 수 없다(2009다9768)"라고 판시하고 있습니다.

법에서 정한 5가지의 유언 방식 중 일반적으로는 자필증서에 의한 유언 또는 공정증서에 의한 유언이 주로 이용되고 있습니다.

1. 자필증서에 의한 유언

자필증서에 의한 유언의 요건은 유언자가 그 전문과 연월일, 주소, 성명을 자서하고 날인하는 것으로 이 중 어느 하나라도 흠결된 유언은 무효로 보고 있습니다. 이때 전문은 자필하여야 하는 것이므로 다른 사람에게 필기하게 하거나 타자기, pc 등으로 작성한 것은 인정되지 않습니다.

연월일의 기재도 매우 중요합니다. 복수의 유언서가 있는 경우 후의 유언에 의하여 전의 유언은 철회된 것으로 보기 때문에 연월일의 기재가 없는 유언은 무효이며, 연월만 있고 일이 없는 경우도 마찬가지입니다.

주소의 경우 꼭 주민등록상 등록지일 필요는 없고, 유언자의 생활근거가 되는 곳이면 되며, 유언증서로서의 일체성이 인정되는 이상 유언증서를 담은 봉투에 기재되어도 무방하다는 것이 대법원의 판례입니다.

성명의 경우 반드시 호적상의 성명에 의하지 않고, 유언자가 통상 사용하는 이름, 예컨대 아호나 예명이라도 무방합니다.

날인도 반드시 하여야 하는 것으로 날인이 없으면 무효이나, 판례는 날인이 아닌 무인도 날인으로서의 효과가 있다고 보고 있습니다.

자필증서에 의한 유언의 경우 증인이나 공증인이 필요 없으며 비용이 들지 않는다는 장점이 있습니다만 그 형식을 제대로 갖추지 못한 경우 유언의 유·무효에 대한 다툼이 빈번히 일어나며 위조나 변조 및 은닉 가능성이 있고 유언자의 사망 후 법원의 검인을 받아야 하는 단점이 있습니다.

2. 공정증서에 의한 유언

공정증서에 의한 유언은 유언자가 증인 2인이 참여한 공증인의 면전에서 유언의 취지를 구수하고, 공증인이 이를 필기·낭독하여 유언자와 증인이 그 정확함을 승인한 후 각자 서명 또는 기명날인하는 방식으로 이루어 집니다.

원칙적으로 공정증서에 의한 유언에서는 유언자의 구수, 즉 입으로 불러 주어 공증인이 적는 행위가 있어야 하지만 판례는 공증인이 유언자의 의사에 따라 유언의 취지를 작성하고 그 서면에 따라 유언자에게 질문을 하여 유언자의 진의를 확인한 다음 유언자에게 필기된 서면을 낭독하여 준 경우, 유언자가 유언의 취지를 정확히 이해할 의사 식별능력이 있다고 인정되면 '유언취지의 구수'요건을 갖추었다고 보고 있습니다. 그렇기 때문에 실무적으로는 유언자가 미리 작성한 초안을 공증인에게 보내면 공증인이 유언공정증서 서식에 맞춘 초안을 준비해 증인들과 유언자가 모인 자리에서 낭독하고 각자 서명 또는 기명날인하는 방식을 취하는 경우가 많습니다.

공정증서에 의한 유언의 경우 증인 2인의 참여가 없으면 공증인의 인증을 받았다 하더라도 무효이며, 유언에 따라 이익을 받게 될 사람과 그 배우자 및 직계혈족처럼 증인이 될 수 없는 자를 증인으로 하는 경우에도 무효가 됩니다.

공정증서에 의한 유언은 공증인이 참여하므로 형식상 하자가 발생할 가능성이 낮아 유언의 유·무효에 대한 다툼이 거의 없으며, 공증인이 직접 유언장을 보관하므로 위조나 변조 및 은닉 가능성이 없습니다. 또한 추후 법원의 검인절차도 요하지 않으므로 증인이 필요하고 비용이 다소 들어간다는 점만 감수한다면 보다 확실하게 유언자의 의사를 관철시킬 수 있는 유언방식이라 할 것입니다.

제사용재산(금양임야, 묘토)과 상속

상증법에 따르면 금양임야와 묘토인 농지에 대해서는 비과세를 하되 양자의 재산가액 합계액이 2억 원을 초과하는 경우에는 2억 원까지만 비과세를 하게 됩니다

> **민법 제1008조의3(분묘 등의 승계)**
>
> 분묘에 속한 1정보 이내의 금양임야와 600평 이내의 묘토인 농지, 족보와 제구의 소유권은 제사를 주재하는 자가 이를 승계한다

민법은 1정보(3,000평) 이내의 금양임야와 600평 이내의 묘토 등 제사용재산에 대해서는 제사를 주재하는 자가 승계하도록 하여 일반상속대상 재산에서 제외하고 있습니다. 여기서 제사 주재자는 공동상속인들 사이의 협의에 의하여 정하되, 협의가 이루어지지 않는 경우에는 장남(장남이 사망한 경우에는 장손)이 제사 주재자가 되고, 공동상속인 중 아들이 없는 경우에는 망인의 장녀가 제사 주재자가 됩니다.

금양임야란 묘지를 보호하기 위해 나무나 풀을 함부로 베지 못하도록 돼 있는 임야를 말하며, 묘토란 묘지와 인접한 거리에 있으며 제사의 재원으로 사용되는 농지를 말하는데, 조상을 모시는 우리 미풍양속을 지원하기 위해 세법에서 정한 규정입니다.

금양임야로 인정받기 위해서는 선조의 분묘가 존재하여야 하며, 임야의 현황과 관리상태에 비추어 위 임야가 전체적으로 선조의 분묘를 수호하기 위하여 벌목을 금지하고 나무를 기르는 임야여야 합니다. 묘토의 경우에는 피상속인의 사망 이전부터 당해 토지를 경작하여 얻은 수확으로 분묘의 수호·관리 비용이나 제사의 비용에 조달하였어야 하는데 그 중 제사의 비용을 조달하는 것이 중요한 것이 됨은 분명하나 반드시 이에 한정되는 것은 아닙니다.

상속세 및 증여세법

제12조(비과세되는 상속재산) 다음 각 호에 규정된 재산에 대해서는 상속세를 부과하지 아니한다.
3. 「민법」 제1008조의3에 규정된 재산 중 대통령령으로 정하는 범위의 재산

상속세 및 증여세법 시행령

제8조(비과세되는 상속재산) ③법 제12조제3호에서 "대통령령으로 정하는 범위의 재산"이란 제사를 주재하는 상속인(다수의 상속인이 공동으로 제사를 주재하는 경우에는 그 공동으로 주재하는 상속인 전체를 말한다)을 기준으로 다음 각 호에 해당하는 재산을 말한다. 다만, 제1호 및 제2호의 재산가액의 합계액이 2억 원을 초과하는 경우에는 2억 원을 한도로 하고, 제3호의 재산가액의 합계액이 1천만 원을 초과하는 경우에는 1천만 원을 한도로 한다.
1. 피상속인이 제사를 주재하고 있던 선조의 분묘(이하 이 조에서 "분묘"라 한다)에 속한 9,900제곱미터 이내의 금양임야
2. 분묘에 속한 1,980제곱미터 이내의 묘토인 농지
3. 족보와 제구

상증법에 따르면 금양임야와 묘토인 농지에 대해서는 비과세를 하되 양자의 재산가액 합계액이 2억 원을 초과하는 경우에는 2억 원까지만 비과세를 하게 됩니다.

따라서 상속재산에 조상의 무덤이 있는 선산이 포함되어 있는 경우에는 비과세 대상 면적에 대하여는 공동상속인간의 협의분할을 통하여 제사 주재자를 선정하고 상속받게 해 두어 절세효과를 보시는 것이 좋겠습니다.

피상속인 명의 예금의 지급청구에 대하여
각 상속인들은 자신의 법정상속지분 비율대로 은행에게 예금지급을 청구할 수 있는 것이 원칙입니다

　피상속인이 사망한 후 피상속인 명의의 예금채권이 있는 경우 대부분의 상속인들은 예금채권을 빨리 찾고 싶어 합니다. 원칙적으로 예금채권은 가분채권으로 피상속인의 사망(상속개시)과 동시에 법정상속분에 따라 각 공동상속인들에게 분할되어 귀속되는 것이므로(대법원 2006. 7. 24. 2005스83결정참조), 각 상속인들은 자신의 법정상속지분 비율대로 은행에게 예금지급을 청구할 수 있는 것이 원칙입니다.

　그러나 실무상 은행에서는 공동상속인 전원의 동의가 없으면 예금 인출을 해 주지 않는 경우가 대부분입니다. 은행의 입장에서는 상속인들 간 예금채권의 귀속 및 상속재산분할에 대해서 다툼이 있을 수 있기 때문에 상속인 전원의 동의 없이는 지급을 거절하는 것입니다(예금채권이 100만 원 이하인 경우 지급해 주는 경우도 있음).

　상속인들 중 일부의 행방이 불분명한 경우, 오랜 기간 동안 연락을 하지 않은 이복형제들이 있는 경우 및 상속인들 간에 상속재산에 관한

다툼이 있어 협의가 되지 않는 경우 등에서 예금인출이 곤란한 경우가 발생하는데 이러한 경우 우선 상속재산분할심판 청구를 통해서 먼저 심판문을 받아 결정에 따라 예금인출을 할 수도 있고, 은행에 자신의 지분만큼의 예금지급청구 소송을 하여 인출할 수도 있습니다.

> ※ 상속인 전원 방문 시
> ① 피상속인의 가족관계증명서(상세)
> ② 사망 사실을 확인할 수 있는 피상속인의 기본증명서(상세)
> ③ 상속인 전원의 신분증
> ④ 사망진단서 또는 시체검안서
> ⑤ 상속인의 가족관계증명서
>
> ※ 대리인 방문 시
> ① 피상속인의 가족관계증명서(상세)
> ② 사망 사실을 확인할 수 있는 피상속인의 기본증명서(상세)
> ③ 상속인 전원의 위임장 및 인감증명서
> ④ 사망진단서 또는 시체검안서
> ⑤ 상속인의 가족관계증명서

만약 공동상속인 전부의 동의가 있는 경우라면 다음과 같은 서류들은 구비하여 은행에 방문하시면 됩니다.

부양의무를 전혀 이행하지 않은 부모가 자녀의 재산을 상속받을 수 있는지 여부(feat. 구하라법)

부양의무를 다하지 않은 무책임한 부모에게도 자식의 재산을 상속받을 권리가 있을까요?

민법 제974조에 따르면 부모·자식 간에는 서로 부양의무가 있습니다. 부양의무는 부양의무자가 부양능력이 있고 피부양자가 자력으로 생활을 유지할 수 없을 때 발생하므로 부모와 미성년인 자녀 사이에는 당연히 부양의무가 발생합니다. 부모가 자신의 아이를 돌보는 것은 상식적으로도 너무나 당연한 일이겠죠.

그런데 세상에는 상식적이지 않은 일도 많이 일어납니다. 부모가 미성년자인 자녀를 양육하지 않고 자신의 삶을 찾겠다며 집을 나가 버리거나, 심지어는 아이를 유기·학대하는 일도 빈번합니다. 그렇다면 이렇게 부양의무를 다하지 않은 무책임한 부모에게도 자식의 재산을 상속받을 권리가 있을까요? 애석하게도 정답은 '그렇다'입니다. 현행법에는 부양의무를 다 하지 않은 부모의 상속을 제한하는 규정이 없습니다.

이에 대해서 피상속인에 대한 부양의무를 이행하지 않은 직계존속의 경우를 상속결격사유로 규정하지 않은 민법 제1004조가 위헌인지 여부를 다툰 적이 있으나 헌법재판소는 '직계존속이 피상속인에 대한 부양의무를 이행하지 않은 경우를 상속결격사유로 본다면, 과연 어느 경우에 상속결격인지 여부를 명확하게 판단하기 어려워 이에 관한 다툼으로 상속을 둘러싼 법적 분쟁이 빈번하게 발생할 가능성이 높고, 그로 인하여 상속관계에 관한 법적 안정성이 심각하게 저해된다(헌법재판소 2018. 2. 22. 선고 2017헌바59 결정)'는 등의 이유로 위헌이 아니라고 보았습니다.

물론 이러한 문제를 법률개정을 통해서 해결해야 한다는 의견은 지속적으로 나오고 있습니다. 이른바 '구하라법' 제정 논의 입니다. 가수 구하라 씨가 사망하자 구하라 씨가 9살 때 집을 나가 20년 동안 연락이 없었던 친모가 나타나 상속권을 주장한 사건이 있었죠. 이에 대하여 구하라 씨의 친부로부터 상속분을 양수받은 구 씨의 친오빠는 친모에게 상속재산분할심판청구와 기여분 주장을 하는 동시에 부모로서 양육의 의무를 다하지 않은 경우 상속권을 제한하는 취지의 일명 '구하라법'의 입법청원 진행하였으나 아직 법 개정은 이루어지지 않고 있습니다.

다만 공무원연금법 제63조 제4항에 '퇴직유족급여를 받을 수 있는 사람 중 공무원이거나 공무원이었던 사람에 대하여 양육책임이 있었던 사람이 이를 이행하지 아니하였던 경우에는 「공무원 재해보상법」 제6조에 따른 공무원재해보상심의회의 심의를 거쳐 양육책임을 이행하지 아니한 기간, 정도 등을 고려하여 대통령령으로 정하는 바에 따라 해당 급여의 전부 또는 일부를 지급하지 아니할 수 있다'는 규정을 신설하여, 양육의무를 저버린 부모에게 유족연금을 지급하지 않을 수 있게 되었습니다. 그러나 이는 사망한 자가 공무원이었을 경우에 한정된 것이며, 연금 지급의 경우에 한정된 것으로 그 적용 범위가 극히 한정적이라는 한계가 있습니다. '구하라법'의 제정에 있어서는 법적 안정성과 논리적 타당성에 있어 다소의 논쟁이 있는 것이 사실이긴 하지만, 국민들의 눈높이와 정서에 맞는 입법이 하루 빨리 이루어지기를 기대해 봅니다.

재혼가정의 자(子)의 상속자격 여부
(feat. 양자도 상속이 가능할까요?)

자신의 어머니가 새아버지와 재혼을 하였고 그 후 새아버지가 돌아가시면 자신이 상속을 받을 수 있을까요?

요즘은 재혼을 터부시하는 경향이 거의 사라졌고 그로 인해 재혼 가정도 많이 늘어나고 있는 추세입니다. 재혼하는 부부가 각자 혹은 한쪽이 이전 혼인관계에서 낳은 자녀들을 데리고 오거나 경우도 많은데 이런 경우 상속관계가 어떻게 되는지에 대해 물으시는 전화를 최근 많이 받고 있습니다.

예를 들어 자신의 어머니가 새아버지와 재혼을 하였고 그 후 새아버지가 돌아가시면 자신이 상속을 받을 수 있는지 등입니다. 생각보다 많은 분들이 이러한 경우 상속을 받을 수 있다고 알고 계십니다만 법적으로는 새아버지와 어머니의 친아들(의붓아들)은 아무런 관계도 아닙니다. 새아버지와 어머니는 부부관계가 맞지만 그러한 사실이 새아버지와 아들을 부자관계로 만들어 주는 것은 아니라는 것이죠.

만약 상속을 받고 싶으면 새아버지가 어머니의 아들을 양자로 입양하여야 합니다. 민법 제882조의2 제1항에서는 양자라 하더라도 친생자와 같은 지위를 인정해 주기 때문입니다. 그렇기 때문에 의붓아들이 새아버지의 양자로 입양된다면 어머니와 함께 1순위 상속인이 됩니다.

> 제882조의2(입양의 효력) ① 양자는 입양된 때부터 양부모의 친생자와 같은 지위를 가진다.
> ② 양자의 입양 전의 친족관계는 존속한다.

그런데 여기서 재미있는 점은 민법 제882조의2 제2항은 '양자의 입양 전의 친족관계는 존속한다'고 규정하고 있다는 점입니다. 즉 새아버지가 의붓아들을 양자로 입양했다 하더라도 친아버지와의 부자관계는 계속 유지됩니다. 그러므로 이 경우 의붓아들은 새아버지뿐만 아니라 친아버지의 사망시에도 상속을 받을 수 있게 됩니다.

상속인 중 한 사람이 일방적으로 상속재산부동산을 자신의 명의로 등기이전하였을 경우의 해결방법 (상속회복청구의소)

상속분을 침해당한 사람은 참칭상속인을 상대로 '상속회복청구의소'를 제기할 수 있습니다

피상속인이 사망한 후 공동상속인 중 한명이 상속등기에 필요하다거나 상속세 신고를 하는데 필요하다며 형제들에게 인감도장과 인감증명서를 요구하는 경우 형제를 믿고 별 생각 없이 건네주게 되는 경우가 많습니다. 그런데 나중에 알고 보니 상속부동산이 형제들끼리 공평하게 나누어져 있거나 피상속인 명의로 되어 있는 것이 아닌 인감을 요구한 상속인의 단독명의로 등기되어 있는 경우를 심심치 않게 볼 수 있습니다.

이렇게 공동상속인 중 일부가 다른 상속인의 상속분을 침해하는 경우 침해한 자를 '참칭상속인'이라 부르며, 상속분을 침해당한 사람은 참칭상속인을 상대로 '상속회복청구의소'를 제기할 수 있습니다. 단 상속회복청구의소는 참칭상속인이 상속재산을 침해했다는 사실을 안 날로부터 3년, 그 침해행위가 있는 날로부터 10년이 경과하면 더 이상 소송을 할 수 없습니다(민법 제999조 제2항).

상속분을 침해당한 상속인은 참칭상속인을 상대로 자신의 상속분을 넘어서 취득한 지분에 대하여 '상속회복청구'로써 등기의 말소를 구할 수 있습니다. 또한 직접 침해한 상속인뿐만 아니라 그 상속인으로부터 다시 소유권을 이전받은 제3자를 상대로도 등기말소를 청구할 수 있습니다. 이때 주의해야 할 점은 제3자에게 소송을 하는 경우라 하더라도 상속회복청구 기간의 기산점이 되는 '침해 행위가 있은 날'은 참칭 상속인이 침해행위를 한 날이라는 점입니다. 그러므로 '침해 행위가 있은 날'로부터 10년이 경과하였다면 더 이상 제3자를 상대로 등기말소를 청구할 수 없으며, 진정 상속인이 참칭 상속인을 상대로 제척기간 내에 소를 제기하여 승소판결을 받았다고 하더라도 마찬가지입니다(대법원 2006. 9. 8. 선고 2006다26694 판결).

따라서 참칭상속인을 상대로 상속회복청구의 소를 제기하는 경우 참칭상속인이 제3자에게 부동산을 처분하지 못하도록 처분금지가처분 등의 보전처분을 반드시 취해야 할 것입니다. 반면 참칭 상속인으로부터 상속재산에 대한 권리를 취득한 제3자를 상대로 제척기간 내에 상속회복청구의 소를 제기하였다면, 참칭상속인을 상대로 제척기간 내에 상속회복청구의 소를 제기하지 않았다 하더라도 제3자에 대한 소송은 유효하게 됩니다(대법원 2009. 10. 15. 선고 2009다42321 판결).

상속회복청구로써 등기의 말소를 구하는 경우 원고가 등기의 원인이 무효임을 밝혀야 합니다. 즉 위와 같은 경우 참칭상속인이 위조된 상속재산분할협의서를 가지고 등기를 하였다는 사실을 입증하여야 하는데 참칭상속인이 등기신청서를 제출하였을 때에는 상속재산분할협의서에 인감도장의 날인과 인감증명서가 첨부되어 있었을 것이므로, 원고로서는 상속재산분할협의서를 직접 작성하지 아니하였고 인감도장과 인감증명서도 상속재산분할협의가 아닌 다른 목적으로 제공하였다는 사실을 입증하여야 하는 부담이 있습니다.

그러므로 승소를 위해서는 인감도장 및 인감증명서를 제공할 당시 등기와 일치하는 합의가 없었다는 점을 밝힐 수 있는 문자나 녹취록 등 증거들이 있어야 소송을 유리하게 이끌어 나갈 수 있을 것입니다.

죽은 남편의 아이를 낙태한 부인에게도 상속권이 있는지 여부(상속결격자의 문제)

만약 부인이 태아를 낙태한다면 부인은 '상속의 동순위에 있는 자를 살해한 자'가 되기 때문에 상속결격자가 되는 것입니다

2022. 7. 1. 현재 미국은 낙태권 문제로 굉장히 시끄럽습니다. 미국 연방대법원이 임신 24주 이전 여성의 낙태권을 보장한 'Roe v. Wade' 판결을 49년 만에 뒤집고 임신 15주 이후의 낙태를 전면 금지한 미시시피주법에 대해 합헌으로 판결했기 때문이죠. 우리나라의 경우 2019년 헌법재판소가 낙태죄에 관련한 형법 조항에 대해 헌법불합치결정을 내려 그 효력이 상실된 상태입니다.

왜 상속전문변호사가 갑자기 낙태죄에 대해 언급하고 있느냐 하는 의문을 가지실 수도 있는데, 사실 낙태는 상속문제에 있어서도 중요한 쟁점이 될 수 있습니다. 바로 '상속결격'에 관한 문제인데요, 낙태가 형법적으로 죄가 되지는 않지만 상속에 있어서는 문제가 될 수 있습니다.

상속결격이란 상속인 중 법이 정한 일정한 사유가 발생하였을 경우 법률상 당연히 상속인으로서의 자격을 상실하는 것을 말하며 이에 해당하는 사람을 '상속결격자'라고 합니다. 민법 제1004조는 다음과 같은

사유를 상속결격사유로 규정하고 있습니다.

> 제1004조(상속인의 결격사유) 다음 각 호의 어느 하나에 해당한 자는 상속인이 되지 못한다.
> 1. 고의로 직계존속, 피상속인, 그 배우자 또는 상속의 선순위나 동순위에 있는 자를 살해하거나 살해하려한 자
> 2. 고의로 직계존속, 피상속인과 그 배우자에게 상해를 가하여 사망에 이르게 한 자
> 3. 사기 또는 강박으로 피상속인의 상속에 관한 유언 또는 유언의 철회를 방해한 자
> 4. 사기 또는 강박으로 피상속인의 상속에 관한 유언을 하게 한 자
> 5. 피상속인의 상속에 관한 유언서를 위조·변조·파기 또는 은닉한 자

위 조항 중 낙태와 관련하여 문제가 될 수 있는 조항은 민법 제1004조 제1호로 제1호는 '고의로 직계존속, 피상속인, 그 배우자 또는 상속의 선순위나 동순위에 있는 자를 살해하거나 살해하려 한 자'를 상속결격자로 규정하고 있습니다.

우리 민법은 태아를 상속순위에 있어서 이미 출생한 것으로 보기 때문에(민법 제1000조 제3항) 남편이 사망한다면 사망한 남편의 부인과 태아가 동일한 1순위 상속자가 됩니다. 그런데 만약 부인이 태아를 낙태한다면 부인은 '상속의 동순위에 있는 자를 살해한 자'가 되기 때문에 상속결격자가 되는 것입니다(대법원 1992. 5. 22. 선고 92다2127 판결). 이런 경우 남편의 부모님이 살아 계시다면 부인은 상속인의 자격을 잃게 되고 차순위인 남편의 부모님이 상속을 받게 될 것입니다.

부인의 입장에서는 젊은 나이에 남편이 죽고 혼자 출산을 하여 아이를 키우기가 막막할 수밖에 없기 때문에 어쩔 수 없는 선택을 한 것이라 생각됩니다만 가혹하게도 대법원 판례에 의하면 어쩔 수 없이 태아를 낙태한 부인은 상속결격자가 될 수밖에 없습니다.

며느리나 사위가 시아버지나 장인의 재산을 상속받을 수 있는지 여부
대습상속에 대하여

　남편과 사별한 후 시아버지가 돌아가셨을 때 며느리인 당사자가 상속을 받을 수 있는지에 대해서 질문을 주시는 경우가 종종 있는데 이른바 대습상속의 문제가 발생하는 것입니다. 대습상속이란 상속인이 될 피상속인의 형제자매나 직계비속이 '상속개시 이전 사망하게 되었거나 결격자가 되었을 경우' 사망자 혹은 결격자의 '직계비속 또는 배우자'가 사망자이거나 결격자의 순위에 갈음하여 상속인이 되는 것을 의미합니다.

　만약 본위상속인(원래상속인)이 피상속인보다 나중에 사망한다면 피상속인의 사망과 동시에 상속은 본위상속인에게 이루어지는 것이고 그 후 상속인이 사망하였다 하더라도 그의 배우자나 직계비속에게 이루어지는 상속은 대습상속이 아니라 본위상속인 것이죠.

> **민법**
>
> 제1000조(상속의 순위) ① 상속에 있어서는 다음 순위로 상속인이 된다.
> 1. 피상속인의 직계비속
> 2. 피상속인의 직계존속
> 3. 피상속인의 형제자매
> 4. 피상속인의 4촌 이내의 방계혈족
>
> 제1001조(대습상속) 전조제1항제1호와 제3호의 규정에 의하여 상속인이 될 직계비속 또는 형제자매가 상속개시전에 사망하거나 결격자가 된 경우에 그 직계비속이 있는 때에는 그 직계비속이 사망하거나 결격된 자의 순위에 갈음하여 상속인이 된다.
>
> 제1003조(배우자의 상속순위) ②제1001조의 경우에 상속개시전에 사망 또는 결격된 자의 배우자는 동조의 규정에 의한 상속인과 동순위로 공동상속인이 되고 그 상속인이 없는 때에는 단독상속인이 된다.

 그러므로 상속인의 자격이 있는 남편이 시아버지보다 먼저 사망하게 된 후 시아버지가 사망하게 되면 남편의 배우자인 며느리와 손자들이 대습상속을 받게 되는 것입니다. 예를 들어 시아버지가 돌아가실 당시 시어머니는 이미 돌아가셨고 시아버지에게 자식은 딸 하나와 아들인 죽은 남편만 있었다 가정하면 남편이 살아 있었을 경우의 법정상속지분은 1/2이므로 그 지분을 며느리와 손자가 3:2의 비율로 대습상속하게 되는 것입니다.

 단, 남편이 사망한 후 며느리가 재혼을 하게 되면 며느리는 상속을 받을 수 없게 되고 손자가 할아버지 재산의 1/2을 상속받게 됩니다.

> **민법 제775조(인척관계 등의 소멸)**
>
> ① 인척관계는 혼인의 취소 또는 이혼으로 인하여 종료한다.
> ② 부부의 일방이 사망한 경우 생존 배우자가 재혼한 때에도 제1항과 같다.

공동상속인의 동의 없이 단독으로 상속등기가 가능한지 여부
법정상속지분에 따른 등기는 단독으로 할 수 있다

피상속인이 사망하여 상속이 개시된 경우 상속인 중 1인은 사정이 좋지 못하여 빨리 상속등기를 하고 싶은데 또 다른 공동상속인이 등기를 반대하여 등기를 못하고 있거나 공동상속인 중 1인이 행방불명 되어 연락이 되지 않아 등기를 하지 못하는 경우가 있습니다.

이럴 경우 공동상속인 중 1인이 다른 공동상속인의 동의 없이 단독으로 등기할 수 있을까요?

결론부터 말씀드리면 '법정상속지분에 따른 등기는 단독으로 할 수 있다'입니다.

상속인이 여러 사람인 경우 공동명의로 각자의 상속지분을 기재하여 이전등기 할 수 있으며(부동산등기법 제48조 제4항), 상속인 중 한 사람이 나머지 상속인의 상속등기까지 신청할 수 있습니다[「공동상속인중 1인의 상속등기신청 가부」(1985. 4. 30. 등기선례 제1-314호)].

이렇게 법정상속분에 따라 상속등기를 신청할 경우 등기원인은 '상속'으로 기재되며, 협의분할에 의할 경우 등기원인은 '협의분할에 의한 상속'으로, 심판분할에 의한 경우 '심판분할에 의한 상속'으로 기재됩니다.

그러나 법정상속지분에 의한 등기는 추후 재판에 의해서 언제든지 변경될 수 있으므로 종국적인 해결은 되지 못하며, 부동산을 처분하고 싶을 때에도 이를 해결하기 위한 공유물분할청구의 소를 제기할 수 없습니다(대법원 2015. 8. 13. 선고 2015다18367 판결).

> **2015다18367 판결**
>
> 공동상속인은 상속재산의 분할에 관하여 공동상속인 사이에 협의가 성립되지 아니하거나 협의할 수 없는 경우에 가사소송법이 정하는 바에 따라 가정법원에 상속재산분할심판을 청구할 수 있을 뿐이고, 상속재산에 속하는 개별 재산에 관하여 민법 제268조의 규정에 따라 공유물분할청구의 소를 제기하는 것은 허용되지 않는다.

다만 법정상속지분에 의한 일방적인 등기라 하더라도 지분을 제3자에게 매도할 수는 있으며, 추후 재판에 의하여 상속재산 분할이 상속개시 시점으로 소급하여 변경된다 하더라도 제3자의 권리를 해할 수 없으므로 이미 매도된 지분을 되찾아 올 수 없는 경우가 생기게 됩니다.

이럴 경우 구체적 상속분을 침해당한 공동상속인은 지분을 매도한 공동상속인에 대하여 가액반환을 청구할 수 밖에 없으며, 자력이 없다면 그마저도 회수가 어렵기 때문에 미리 처분금지가처분 등의 조치를 취해 둘 필요가 있습니다.

상속
전쟁은 이미
시작됐다

ⓒ 김홍일, 2025

초판 1쇄 발행 2025년 9월 9일

지은이	김홍일
펴낸이	이기봉
편집	좋은땅 편집팀
펴낸곳	도서출판 좋은땅
주소	서울특별시 마포구 양화로12길 26 지월드빌딩 (서교동 395-7)
전화	02)374-8616~7
팩스	02)374-8614
이메일	gworldbook@naver.com
홈페이지	www.g-world.co.kr

ISBN 979-11-388-4683-7 (03360)

- 가격은 뒤표지에 있습니다.
- 이 책은 저작권법에 의하여 보호를 받는 저작물이므로 무단 전재와 복제를 금합니다.
- 파본은 구입하신 서점에서 교환해 드립니다.